Konzepte der
Humanwissenschaften

Marlis Pörtner

Ernstnehmen – Zutrauen – Verstehen

Personzentrierte Haltung
im Umgang mit
geistig behinderten und pflegebedürftigen
Menschen

Klett-Cotta

Klett-Cotta

Printed in Germany
Umschlag: Philippa Walz, Stuttgart
Gesetzt aus der Garamond von Freiburger Graphische Betriebe
Auf säure- und holzfreiem Werkdruckpapier gedruckt
und gebunden von Auer, Donauwörth
ISBN 3-608-94153-3

Vierte, überarbeitete und erweiterte Auflage, 2004

Bibliographische Information Der Deutschen Bibliothek
Die Deutsche Bibliothek verzeichnet diese Publikation in der
Deutschen Nationalbibliographie; detaillierte bibliographische
Daten sind im Internet über <http://dnb.ddb.de> abrufbar.

Eine holländische Ausgabe dieses Buches ist 1998
bei Elsevier/De Tijdstroom, Maarssen, eine englische Ausgabe 2000
bei PCCS Books Ltd., Llangarron und eine dänische Ausgabe 2003
bei Raitzel, Kopenhagen erschienen.

Die Autorin:

Marlis Pörtner, Psychologin und Psychotherapeutin, arbeitet in eigener Praxis in Zürich. Zu ihren Klienten gehören seit vielen Jahren auch Menschen mit geistiger Behinderung. Zudem ist sie als Praxisberaterin und Supervisorin in verschiedenen sozialen Einrichtungen tätig. Sie hat zwei weitere Bücher geschrieben, die ebenfalls bei Klett-Cotta erschienen sind: »Praxis der Gesprächspsychotherapie«, 1994, »Brücken bauen«, 2003, und gemeinsam mit Garry Prouty und Dion Van Werde: »Prä-Therapie«, 1998.

Inhalt

Anmerkungen zur 4. Auflage

Seit dem ersten Erscheinen von »Ernstnehmen, Zutrauen, Verstehen« sind acht Jahre vergangen. Die erfreuliche Verbreitung und Resonanz, die das Buch gefunden hat, brachte neue Begegnungen, Erfahrungen und Erkenntnisse mit sich, von denen viele in mein neues Buch »Brücken bauen« (2003) eingeflossen sind. Andere gaben mir Anlaß zu einigen Ergänzungen in der vorliegenden Neuauflage dieses Buches, das jedoch in seiner Substanz unverändert bleibt.

Stichwortlisten der wichtigsten Kriterien des hier beschriebenen Konzeptes haben sich in der Praxis als nützliche Orientierungshilfen erwiesen, zum Beispiel für Teamgespräche, Supervision und Fallbesprechungen, aber auch für das individuelle Reflektieren des eigenen Tuns. Sie sind in Form von »Leitfäden« in das Buch aufgenommen worden.

Bei den »Richtlinien für den Alltag« ist ein Kriterium dazugekommen, das sich in der Praxis immer wieder als wichtig erweist: »Nicht ständig auf das Symptom starren«.

Das wachsende Interesse für den personzentrierten Ansatz, auch bei den Leitungsgremien sozialer Einrichtungen, hat mich veranlaßt, das Kapitel über den »Stellenwert des Konzepts in der Institution« um einige Abschnitte zum Thema Führung zu erweitern.

Erfreulicherweise hat das Konzept »Ernstnehmen, Zutrauen, Verstehen« inzwischen in verschiedenen Institutionen Eingang gefunden. Zwei Beispiele von Einrichtungen, die es konsequent und systematisch einführen, werden – auch als Ansporn und Anregung für andere Einrichtungen – in Kapitel 7 beschrieben.

Einige Überlegungen sind ergänzt und präzisiert worden, andere, welche inzwischen von der weiteren Entwicklung eingeholt wurden, habe ich weggelassen oder entsprechend verändert und aktualisiert.

Dank

Mein herzlicher Dank geht an alle, die zum Entstehen dieses Buches beigetragen haben: die vielen Menschen, mit denen ich in den vergangenen Jahren – in Beratung, Supervision oder Therapie – arbeiten durfte und die auf unschätzbare Weise mein Blickfeld und meinen Verständnishorizont erweitert haben. Sie alle haben dazu beigetragen, daß die hier formulierten Überlegungen sich entwickeln und Gestalt annehmen konnten.

Ich danke Sigrid Baumann, Ursula Friedrich, Harry Hulskers, Barbara Krietemeyer, Petr Ondracek, Rini Schenck, Maria Schmucki, Cécile Schwarz, Angela und Allan Turner sowie Dion Van Werde für die aufschlußreichen Gespräche im Zusammenhang mit dem Thema dieses Buches und für die Beispiele aus ihrem beruflichen und persönlichen Erfahrungsbereich, die sie mir dafür zur Verfügung gestellt haben.

Ein spezieller Dank gebührt Garry Prouty, der mich als einer der ersten ermutigt hat, dieses Buch zu schreiben, und dessen Beispiel in den Anfängen meiner Arbeit mit geistig behinderten Menschen richtungweisend war.

Anläßlich dieser neuen, erweiterten Auflage danke ich allen, die seit dem erstmaligen Erscheinen des Buches, in Aus- und Fortbildungen ebenso wie in der praktischen Arbeit, als Dozenten, Heimleiterinnen, Gruppenleiter oder Mitarbeitende zur Verbreitung der in ihm vertretenen Anliegen beigetragen, meine Anregungen aufgenommen und in die Praxis umgesetzt haben.

Ganz besonderer Dank gilt den beiden Institutionen, die konsequent nach dem hier vorgestellten Konzept zu arbeiten begonnen haben: dem Arbeiter-Samariter-Bund, Bremen (ASB), und der Stiftung für Schwerbehinderte, Luzern (SSBL). Ich danke den Verantwortlichen und Initianten Jürgen Lehmann, Konrad Seidl sowie der Projektgruppe beim ASB; Stephan Bachmann, Dani Hohler und den Mitgliedern der Geschäftsleitung bei der SSBL; und ich danke allen Mitarbeiterinnen und Mitarbeitern beider Institutionen, die im Alltag mit dem Konzept arbeiten. Sie alle leisten wertvolle Pionierarbeit.

Und – last not least – danke ich allen Mitarbeiterinnen und Mitarbeitern des Verlags Klett-Cotta, die in Lektorat, Herstellung und Vertrieb dazu beigetragen haben, daß das Buch nun schon in der 4. Auflage und in dieser erweiterten Form erscheinen kann.

Zürich, im Juli 2004

1 Einführung

Dieses Buch wurde angeregt durch meine langjährige beratende Tätigkeit mit Mitarbeiterinnen und Mitarbeitern verschiedener sozialer Institutionen sowie durch meine therapeutische Arbeit mit geistig behinderten Menschen. Es wird mir immer deutlicher, wieviel der personzentrierte Ansatz hier zu bieten hat. Und ich bin überrascht, wie oft ganz intuitiv Arbeitsweisen gefunden werden, die im Kern den Grundbedingungen personzentrierten Handelns entsprechen, auch wenn diese nicht explizit bekannt sind. Offenbar führt die Erfahrung, auf anderen Wegen nicht weiterzukommen, manchmal ganz von selbst zu Lösungen, die von Ernstnehmen, Zutrauen und Verstehen geprägt sind und den betroffenen Personen Selbstverantwortung und Eigeninitiative einräumen. Das sind punktuelle Ansätze, an die sich anknüpfen läßt.

Ich möchte an konkreten Beispielen aufzeigen, was personzentriertes Arbeiten in verschiedenen Tätigkeitsgebieten heißt. Das hängt unmittelbar mit den jeweiligen Aufgaben und Rahmenbedingungen zusammen. Personzentriert arbeiten ist nicht gleichbedeutend mit Psychotherapie. Das deutlich zu machen, war eine weitere Antriebsfeder, dieses Buch zu schreiben, denn zahlreiche Mißverständnisse und Fehleinschätzungen des personzentrierten Ansatzes sind darauf zurückzuführen, daß diese Differenzierung nicht sorgfältig genug beachtet wird.

Das mag mit dazu beitragen, daß eine konsequent personzentrierte Haltung sowie fundierte Kenntnisse ihrer Grundlagen kaum jemals Zentrum und Basis der Arbeit in sozialen Institutionen bilden. Dabei bietet die personzentrierte Sichtweise gerade für diesen Bereich hervorragende Grundlagen. Sie ist geeignet,
– die Lebensqualität der betreuten Personen zu verbessern,

- ihren Handlungsspielraum zu erweitern,
- die Arbeit der Betreuerinnen zu erleichtern und befriedigender zu gestalten,
- negative Auswirkungen häufigen Mitarbeiterwechsels zu vermindern,
- »Burnout«-Erscheinungen entgegenzuwirken.

Deshalb erschien es mir sinnvoll, ein Konzept auszuzuarbeiten, das diese Sichtweise deutlich macht, und nach Richtlinien zu suchen, wie es sich in die tägliche Arbeit – zum Beispiel mit geistig behinderten, alten, pflegebedürftigen oder verhaltensauffälligen Menschen – umsetzen läßt. Das Konzept ist nicht auf die hier angesprochenen Bereiche beschränkt. Das Grundprinzip läßt sich durchaus auch auf andere Arbeitsgebiete übertragen und wird je nach Aufgabe und Rahmenbedingungen unterschiedlich ausgeprägt sein. Wenn ich die Grundlagen der personzentrierten Arbeit in diesem Buch zu einem großen Teil mit Beispielen aus der Arbeit mit geistig behinderten Erwachsenen illustriere, so nicht nur, weil mir auf diesem Gebiet am meisten Beispiele aus eigener Erfahrung zur Verfügung stehen, sondern auch, weil ich meine, daß im Umgang mit geistig behinderten Menschen besonders deutlich sichtbar wird – gleichsam durch ein Vergrößerungsglas –, worauf es grundsätzlich in der Arbeit mit Menschen ankommt. Ergänzende Beispiele aus anderen Arbeitsbereichen, die ebenfalls aus meiner beratenden Tätigkeit stammen oder mir von anderen berichtet wurden, machen deutlich, wie dieselben Grundlagen dort wirksam werden. Alle Namen und gewisse Einzelheiten in den Beispielen sind verändert worden, um die Anonymität der betroffenen Personen zu wahren. Die Vielfalt der Beispiele soll die Lesenden zu Überlegungen anregen, wie sich in ihrem eigenen beruflichen Umfeld eine personzentrierte Arbeitsweise verwirklichen ließe.

Zum Sprachgebrauch

Außer im Bereich der Jugendarbeit vermeide ich bewußt das Wort »Erzieher«. Bei Erwachsenen ist der Begriff »Erziehung« fehl am Platz. Ich spreche von Bezugspersonen, Begleiterinnen oder Betreuern. Der Begriff »Bezugsperson« bezieht sich hier nicht auf das in vielen Institutionen übliche »Bezugspersonensystem«, sondern steht ganz allgemein für Personen im näheren Umfeld der betroffenen Menschen. Und den Begriff »Betreuer« möchte ich frei von dem betulichen Beigeschmack verstanden wissen, der ihm gelegentlich anhaftet. Im Duden steht unter dem Stichwort »betreuen«: *sich um jemanden kümmern, dafür sorgen, daß er das Nötige für sein Wohlergehen hat.* In diesem Sinne ist der Begriff hier brauchbar, zumal er sich auf verschiedene Berufsfelder anwenden läßt. Es sind hier also nicht speziell die ehrenamtlichen, gesetzlichen Betreuer gemeint, sondern alle, die beruflich Menschen betreuen und pflegen. Ebenfalls verwende ich gelegentlich das Wort »Klienten« zusammenfassend für die unterschiedlichen Personengruppen, um die es hier geht.

Ich gebrauche sowohl den Ausdruck »geistig behindert« wie die Bezeichnung »Menschen mit geistiger Behinderung«, die als weniger diskriminierend gilt, aber grammatikalisch nicht überall einsetzbar ist. Wichtiger als solche – zum Teil willkürlichen – Nuancierungen erscheint mir, daß Begriffe wie »behindert« (ob körperlich oder geistig) *beschreibend* und nicht diskriminierend gebraucht werden. Notwendig ist, daß sich die *Haltung ändert* gegenüber Begriffen wie »behindert« – und damit gegenüber den Menschen, die damit bezeichnet werden. Das wirkt der Diskriminierung mehr entgegen als eine Sprache, die zusehends verarmt durch ängstliches Vermeiden von immer mehr Wörtern, die an sich nicht diskriminierend sind, sondern es erst durch die dahinterstehende Haltung werden.

Die weibliche und die männliche Form werden abwechselnd verwendet.

2 Worum geht es?

Unabhängig von den unterschiedlichen Aufgaben, die – zum Beispiel – ein Altersheim, eine Behindertenwohngruppe, eine Einrichtung für verhaltensauffällige Jugendliche zu erfüllen hat, gelten einige grundsätzliche Überlegungen für alle Arbeitsbereiche, die in diesem Buch angesprochen sind.

Ganz generell geht es darum, Lebensräume zu schaffen für Menschen, die – aus verschiedensten Gründen – nicht mehr, noch nicht oder überhaupt nicht in der Lage sind, selbständig oder in ihrer Familie zu leben. Diese Lebensräume müssen Bedingungen bieten, die den speziellen Bedürfnissen der betroffenen Menschen gerecht werden und sie soweit wie möglich in ihren Fähigkeiten, ihrer Eigenständigkeit und ihrer Selbstverantwortlichkeit fördern. Daß es sich nicht einfach darum handeln kann, diese Menschen irgendwie zu versorgen, sondern um eine anspruchsvolle und komplexe Aufgabe, die Ausbildung und berufliche Qualifikation erfordert, wird heutzutage kaum noch bestritten. So erfreulich diese Entwicklung ist, sie hat auch ihre Schattenseiten. Mit der Aufwertung ist auch der Ehrgeiz gewachsen. Ziele werden formuliert, Methoden ausprobiert, Veränderungen angestrebt, die oft mehr von den Ambitionen der Betreuer als von den Bedürfnissen der Klienten bestimmt sind.

Pädagogisches Wissen ist nützlich, weil es ein Instrumentarium bietet, Menschen in der Entfaltung ihrer Fähigkeiten zu fördern. Es kann aber auch dazu verleiten, andere Menschen »erziehen« zu wollen. Das ist bei Erwachsenen völlig unangebracht und eine Anmaßung, gegen die sich die meisten – zu Recht – entschieden zur Wehr setzen.

Von einem bestimmten Alter an sind Menschen mit geistiger Behinderung erwachsen, auch wenn ihr Entwicklungsstand in mancher Hinsicht mit dem von Kindern vergleichbar ist. Über die Lebensjahre, die sie hinter sich haben und in denen sie ihre Erfahrungen gemacht haben, dürfen wir nicht einfach hinwegsehen.

Alte Menschen sind erwachsen, auch wenn sie schwach, krank oder verwirrt sind. Sie haben ein Leben gelebt, das sie geprägt hat und in die Gegenwart hineinwirkt. Das muß respektiert werden, so schrullig, kindisch oder realitätsfern ihr Verhalten auch erscheinen mag.

Auch Jugendliche sind keine Kinder mehr. Spätestens in der Pubertät wollen sie nicht mehr erzogen werden. Und diejenigen, welche als »verhaltensauffällig« bezeichnet werden, haben fast immer eine lange Geschichte untauglicher oder mißglückter Erziehungsversuche hinter sich. Das macht sie in den seltensten Fällen zugänglich für »Nacherziehung«. Anstatt sie erziehen zu wollen, müssen andere Wege gesucht werden, um ihre weitere Entwicklung zu fördern und ihre Selbstverantwortung zu wekken und zu unterstützen.

Daß Erziehungsversuche im Krankenhaus, im Pflege- oder Altersheim fehl am Platz sind, ist eigentlich selbstverständlich. Doch öfter, als wir wahrhaben wollen, schleichen sie sich auch in diese Bereiche ein. Pflegepersonen und Betreuer haben manchmal sehr genaue Vorstellungen, was für die ihnen anvertrauten Menschen gut und richtig sei, und versuchen ihnen diese – mit mehr oder weniger Nachdruck – beizubringen.

Diagnostische Kenntnisse sind hilfreich und oft unerläßlich, um das »Anderssein« anderer Menschen besser zu verstehen. Aber sie können auch den unbefangenen Blick auf deren Fähigkeiten verstellen und dazu verführen, ihr Verhalten und ihre Reaktionen ausschließlich aus dem Blickwinkel der Symptomatik zu betrachten. Allzu leicht werden dadurch Defizite zementiert und Entwicklungspotentiale übersehen.

Diese Schattenseiten bewußt wahrzunehmen, macht es leichter, ihre Gefahren zu meiden. Daraus folgt nicht, Ausbildung und Wissen seien überflüssig, es genüge, sich auf »gesunden Menschenverstand« und Lebenserfahrung zu verlassen und eine »Laisser-faire«-Haltung einzunehmen. Im Gegenteil: Es geht darum, Wissen als Verständnishilfe einzusetzen und Kenntnisse zu nutzen, um die betreuten Menschen so zu fördern, wie es ihrer Eigenart und ihren Bedürfnissen entspricht. Es ist ein entscheidender Unterschied, ob Wissen und Kenntnisse als unwiderlegbares Mittel benutzt werden, um andere einzuordnen und zu bestimmen, oder ob sie als *Vertiefung der eigenen Verständnismöglichkeiten* aufgefaßt und dem Gegenüber als ein *Angebot* zur Verfügung gestellt werden, das *Wahlmöglichkeiten* und *Entscheidungsspielraum* offenläßt.

Was heißt personzentriert arbeiten?

Um ein verbreitetes Mißverständnis gleich vorweg zu klären: »personzentriert arbeiten« *heißt nicht*, eine Person losgelöst von ihrem Umfeld zu betrachten und auftretende Schwierigkeiten ausschließlich auf sie selbst zurückzuführen. Die Versuchung – vielmehr Gefahr –, das zu tun, ist groß, wenn es sich um Menschen mit geistiger Behinderung oder psychischen Störungen handelt. Sie *sind* manchmal schwierig, und es *gibt* Probleme – also werden *sie* zum Problem gemacht. Das darf nicht sein. Bei sogenanntem Problemverhalten spielen immer noch viele andere Faktoren eine Rolle, die in Betracht gezogen werden müssen, wenn nach Ursachen und Lösungen gesucht wird. Die »Landkarte« dieser Faktoren[1] kann dabei als Orientierungshilfe dienen. Auch wenn es nicht immer so einfach ist: manchmal vermag das Umstellen eines Bettes oder eine kleine Veränderung im eigenen Verhalten wesentlich mehr zu bewirken als eine noch so ausgeklügelte pädagogische Maßnahme.

---

[1] Siehe Seite 19

»Landkarte« der Einflußfaktoren

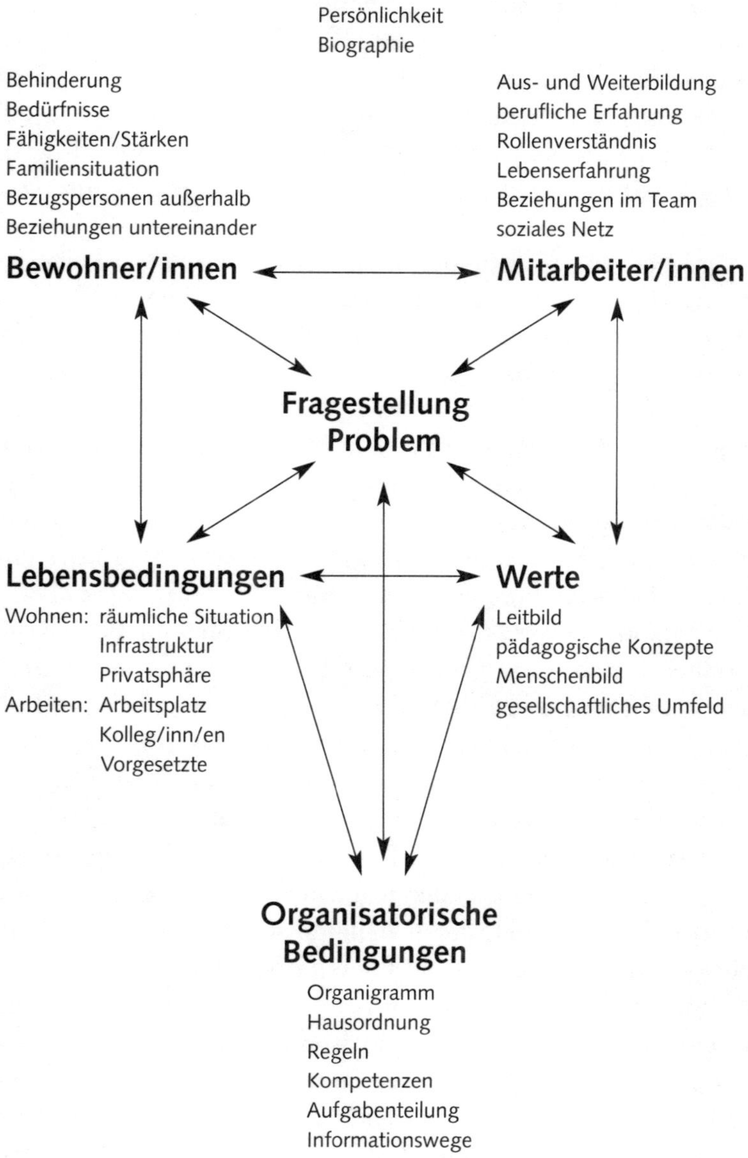

Was also heißt »personzentriert arbeiten«?

Personzentriert arbeiten heißt, *nicht von Vorstellungen ausgehen, wie Menschen sein sollten, sondern davon, wie sie sind, und von den Möglichkeiten, die sie haben.* Personzentriert arbeiten heißt, andere Menschen in ihrer ganz persönlichen Eigenart ernstnehmen, versuchen ihre Ausdrucksweise zu verstehen und sie dabei unterstützen, *eigene Wege zu finden, um – innerhalb ihrer begrenzten Möglichkeiten – angemessen mit der Realität umzugehen.*

Diese Haltung bezieht sich nicht nur auf Einzelpersonen. Sie kann auch einer Gruppe, einem Team, einer Gemeinde gegenüber wirksam werden. Personzentriert arbeiten heißt, *mit* den betroffenen Personen, *nicht für sie* Probleme lösen, Projekte entwickeln, Entscheidungen treffen; heißt ihre unterschiedlichen Fähigkeiten, Bedürfnisse und Ansichten berücksichtigen und einbeziehen und ihnen im Rahmen ihrer Möglichkeiten *Selbstverantwortung zutrauen.* Personzentriert arbeiten heißt, die *Ressourcen* eines Organismus – sei das nun eine Person oder eine Gemeinschaft – *wahrnehmen und fördern.*

Die personzentrierte Haltung bezieht sich auch auf die Betreuerin selber. Sie soll ihre ganz eigene Persönlichkeit, ihre spezifischen Ressourcen und Fähigkeiten in die Arbeit einbringen können und auf sie vertrauen lernen. Personzentriert arbeiten heißt *als Person wahrnehmbar sein.* Dazu gehört die Bereitschaft, sich mit dem eigenen Anteil an einer Situation auseinanderzusetzen.

Personzentriert arbeiten heißt auch, *den Bezugsrahmen klar erkennen.* Da ist einerseits der gegebene Rahmen der Institution, der finanziellen Mittel, der jeweiligen Kompetenzen usw., der berücksichtigt und für alle Beteiligten transparent gemacht werden muß. Andererseits ist es in gewissen Bereichen und in bestimmten Situationen geradezu notwendig, einen Rahmen zu setzen, damit Ressourcen freiwerden und Fähigkeiten sich entwikkeln können. Wie dieser Rahmen beschaffen sein muß, damit er nicht einengt, sondern Schutz bietet und Freiraum absteckt, ist je nach Berufsfeld, Aufgabe und individuellen Gegebenheiten verschieden. Den geeigneten Rahmen zu erkennen und zur Verfügung zu stellen, ist ein zentraler Aspekt personzentrierter Arbeit mit Menschen, die in irgendeiner Form Betreuung oder Begleitung brauchen.

Das hier vorgestellte Konzept soll den Betreuern Orientierung und Unterstützung bieten, damit sie den beschriebenen Anforderungen in ihrer täglichen Arbeit gerecht werden können.

Wozu ein Konzept?

Reicht die Ausbildung und Kompetenz von Sozialarbeitern, Sozialpädagoginnen, Pflegern, Erzieherinnen, Betreuern nicht aus? Werden sie durch ein weiteres Konzept – durch Konzepte überhaupt – nicht in ihrer individuellen Arbeitsweise eingeengt und in ihren spontanen Reaktionen behindert? Verleitet »ein Konzept« nicht dazu, die Arbeit nach einem bestimmten Schema zu gestalten, anstatt für die jeweilige Situation offen zu sein?

Das kann nicht der Sinn sein. Ein Konzept, das sich so auswirkt, ist entweder ungeeignet oder wird falsch gehandhabt.

Mit einem Konzept arbeiten, heißt nicht, es unentwegt vor Augen haben und bei jedem Schritt überlegen, ob er konzeptkonform sei oder nicht. Reaktionen erfolgen meist spontan, und das Konzept hat nicht den Sinn, Spontaneität zu verhindern. Aber ein Konzept im Hinterkopf erweitert den Spielraum der Spontaneität und macht zugleich ihren Rahmen sichtbar. Ein Konzept ist eine Orientierungshilfe. Es

- formuliert Ziele, Grundlagen und Prioritäten der Arbeitsweise,
- legt dafür einen verbindlichen Rahmen fest und steckt den Freiraum ab für eigene Initiativen und individuelle Ausprägungen der Mitarbeiter,
- bietet ein Gerüst, an dem das Handeln reflektiert werden kann,
- ist ein Leitfaden in Zweifelsfällen und schwierigen Situationen,

- stellt Kriterien zur Verfügung, an denen unterschiedliche Auffassungen gemessen und Meinungsverschiedenheiten geklärt werden können.

Zudem erleichtert ein klares Konzept eine sinnvolle Personalpolitik. Es ermöglicht, bei der Einstellung neuer Mitarbeiter
- gegenseitige Erwartungen und Vorstellungen konkreter zu klären,
- unterschiedliche Auffassungen schneller zu erkennen,
- Fehlentscheidungen und Enttäuschungen auf beiden Seiten vorzubeugen.

Und es kann bis zu einem gewissen Grad
- verhindern, daß die betroffenen Personen als Experimentierfeld mißbraucht werden für immer wieder andere pädagogische Ideen und weltanschauliche Vorstellungen wechselnder Bezugspersonen.

Ein Konzept bietet Gewähr für *Kontinuität*, nicht im Sinne einer festgefahrenen Routine, sondern eine Kontinuität der Grundhaltung und der Grundbedingungen, welche zugleich Raum läßt für individuelle Ausprägungen und offen ist für Weiterentwicklung und notwendige Veränderungen. Eine so verstandene Kontinuität kann wesentlich dazu beitragen, das Klima des Zusammenlebens in einer Institution zu verbessern. Die Mitarbeiter erleben weniger Frustrationen, ihre Arbeit wird sowohl spannender als auch entspannter, wenn sie sich an einem Konzept orientieren können, das einerseits klare Richtlinien zur Verfügung stellt und andererseits Eigeninitiative, Einfallsreichtum und wache Aufmerksamkeit für die Persönlichkeit des anderen Menschen fordert. Die Bewohnerinnen fühlen sich sicherer und wohler, wenn sie sich auf die Kontinuität gewisser Grundbedingungen verlassen können.

Zwei Beispiele

aus der Arbeit mit geistig behinderten Erwachsenen sollen den Einstieg in die Thematik erleichtern und anschaulich machen, worum es geht:

Beispiel 1
Gertrud H. zupft ständig Hautfetzen von ihren Händen, bis sie bluten. Sie lebt seit Jahren in einem Heim, und seit Jahren versucht man dort, ihr das abzugewöhnen. Erfolglos. Überall an den Wänden sieht man die Spuren ihrer blutigen Hände, die sie im Vorbeigehen abstreicht. Sie ist so absorbiert durch dieses Knibbeln, daß sie kaum an den Aktivitäten der anderen teilnehmen kann. Eines Tages beschließen die Betreuerinnen, es anders zu versuchen. Das Knibbeln wird nicht mehr verboten. Gertrud H. darf jetzt Haut abzupfen, aber unter gewissen Bedingungen: Sie muß sich entscheiden, ob sie am Tisch mit den anderen zusammen etwas machen oder ob sie an ihrer Haut herumknibbeln will. Wenn sie knibbeln möchte, kann sie das, solange sie will, auf dem Sofa tun. Wenn sie an den Tisch kommen will, muß sie damit aufhören. Das Resultat ist erstaunlich: Gertrud hat zwar nicht aufgehört, Hautfetzen von ihren Händen zu zupfen, aber sie tut es sehr viel weniger. Die Wände sind nicht mehr blutverschmiert, die Hände sehen nicht mehr so schlimm aus. Morgens, wenn die anderen sich um den Tisch versammeln, brummelt sie oft vor sich hin: »Ich muß mich entscheiden, ich muß mich entscheiden.« Dann zieht sie sich manchmal noch für eine Weile zurück, manchmal gesellt sie sich gleich zu den andern, und stets hält sie sich an die Abmachung, dann nicht an ihren Händen herumzuzupfen.

Beispiel 2
Eva M. macht nicht gerne Hausarbeit. Meist schimpft sie dabei kräftig. Das wissen schon alle und versuchen, ihr jeweils gut

zuzureden. Besonders wütend ist sie seit einiger Zeit über den Staubsauger. Sie schimpft und schimpft und läßt sich nicht beruhigen. Eines Tages schaut ein Betreuer genauer nach und stellt fest, daß ein Schalter sich nicht mehr feststellen läßt, sondern mühsam mit einem Finger festgehalten werden muß. Es ist eine Kleinigkeit, die Sache mit dem Staubsauger in Ordnung zu bringen, und daraus ergibt sich eine bessere Ausgangslage, um sich mit Evas Widerstand gegen Hausarbeit dort auseinanderzusetzen, wo er tatsächlich auftritt.

Was zeigen uns diese Beispiele? Zunächst wurde den Frauen gegenüber eine – um es einmal so zu nennen – »diagnostische« und »pädagogische« Haltung eingenommen. Man kannte ihre Schwächen, glaubte aufgrund von Vorerfahrung und Einschätzung ihr Verhalten deuten zu können, und versuchte, es zu verändern. Erreicht wurde wenig, die gewünschten Veränderungen traten nicht ein. Im Gegenteil, das »unerwünschte Verhalten« verstärkte sich eher noch und eskalierte zu Machtkämpfen mit den Betreuerinnen. Bei dem Vorgehen, das schließlich zu Veränderung führte, wird eine andere Haltung sichtbar: Die Betreuer gingen nicht mehr davon aus, besser zu wissen, was für die behinderten Frauen gut ist, sondern haben sie ernstgenommen und an der Suche nach Lösungen beteiligt In beiden Fällen wurden anstelle von zermürbenden Machtkämpfen konstruktive Lösungen möglich.

Es wurde nicht länger versucht, Gertrud das störende Verhalten abzugewöhnen, ihr wurde Entscheidungsspielraum gewährt und zugleich ein Rahmen gegeben, der es ihr leichter machte, sich anders zu verhalten. Evas Schimpfen wurde nicht mehr abgetan als ihre übliche, allen wohlbekannte Reaktion, wenn ihr etwas nicht paßte. Es wurde ernstgenommen und nachgeforscht, was ihm zugrunde liegen könnte. Wie sich herausstellte, war Evas Wahrnehmung durchaus realistisch, und ihr Schimpfen hatte einen konkreten Grund.

Die beiden Begebenheiten spielen sich auf verschiedenen Ebenen ab, und es handelt sich um zwei ganz unterschiedliche Persönlichkeiten. Bei Gertrud H. ging es um eine schwerwiegende Verhaltensstörung, die nicht nur sie selbst massiv beeinträchtigte, sondern sich auch für ihre Umgebung sehr störend auswirkte. Bei Eva M. handelte es sich um eine Alltagssituation, die zwar nicht von zentraler Bedeutung war, aber doch unnötige Spannungen verursachte und die Stimmung beeinträchtigte. Gertrud H. ist eine schwer behinderte Frau, die wenig spricht. Sie lebt seit Jahren im Heim, wo sie zu den Schwächeren gehört, die tagsüber in einer Beschäftigungsgruppe betreut werden. Eva M. dagegen ist leichter behindert, sie kann sich verbal gut ausdrükken, lebt in einer Kleinwohngruppe und arbeitet in einer geschützten Werkstatt.

Ein »Nebeneffekt«, der vielleicht noch wichtiger war als die Problemlösung selbst: In beiden Fällen wurde das Selbstbewußtsein der Frauen gestärkt, sie machten die Erfahrung, selber etwas bewirken und verändern zu können. Und die Betreuerinnen lernten daraus, daß sie den behinderten Frauen mehr zutrauen konnten, als sie sich vorgestellt hatten.

Es ist ein entscheidender Unterschied, ob man Menschen – auch wenn sie geistig behindert, in ihren Fähigkeiten reduziert oder »schwierig« und »unangepaßt« sind – mit der Überzeugung begegnet, daß ihr seltsames, nicht nachvollziehbares Verhalten *für sie einen Sinn hat,* und sich bemüht, es zu verstehen, oder ob man es als »gestört« abtut und versucht, es ihnen abzugewöhnen. In den beiden so verschieden gelagerten Fällen hat sich diese Haltung der Bezugspersonen positiv ausgewirkt. In beiden Beispielen wurden intuitiv Wege gefunden, die weitgehend den Grundlagen der personzentrierten Sichtweise entsprachen, ohne daß dies den beteiligten Personen explizit bewußt war. Welches sind diese Grundlagen?

3 Die Grundlagen der personzentrierten Arbeit

Der personzentrierte Ansatz wurde von dem amerikanischen Psychologen *Carl Rogers* (1902–1987), dem Begründer der klientenzentrierten Gesprächspsychotherapie, entwickelt. Ganz zu Beginn seiner Berufstätigkeit hatte Carl Rogers in einer Beratungsstelle für verhaltensauffällige Jugendliche die Erfahrung gemacht, daß sein umfangreiches theoretisches Wissen ihm nur wenig half, seine Klienten wirklich zu verstehen. Mit seinen Diagnosen und Ratschlägen, auch wenn sie noch so zutreffend waren, konnten Jugendliche oder Eltern meist nicht viel anfangen. Carl Rogers lernte, daß es viel hilfreicher war, seinem jeweiligen Gegenüber genau zuzuhören, und Veränderung am ehesten dann möglich wurde, wenn es ihm gelang, *dessen Sichtweise* zu begreifen. Diese Erkenntnis veranlaßte ihn, nach neuen Wegen in der Psychotherapie zu suchen und sein erstes, vielbeachtetes Buch *Counseling and Psychotherapy*[2] zu schreiben. An der University of Chicago, wo Carl Rogers von 1945 bis 1957 tätig war, konnte er seine Vorstellung von Psychotherapie praktisch erproben, wissenschaftlich erforschen und lehren. Zusammen mit einer Gruppe hochmotivierter Kollegen gründete er das Chicago Counseling Center. 1951 erschien sein Standardwerk *Client-Centered Psychotherapy.*[3] Sehr bald gingen seine Überlegungen über die Psychotherapie hinaus. Er beschäftigte sich mit Persönlichkeitsentwicklung[4] und, nachdem er 1963 nach Kalifornien gezogen war, mit Anwendungsmöglichkeiten seines Konzeptes in anderen Bereichen (Gruppen, Schulen, Betrieben, Institutio-

---

[2] Rogers (1942)
[3] Rogers (1951)
[4] Rogers (1961)

nen). Für diese Ausdehnung seiner Sichtweise auf andere Gebiete prägte er den Begriff *person-centered approach.*[5]

Der personzentrierte Ansatz beruht auf denselben Grundlagen wie die klientenzentrierte Gesprächspsychotherapie. Diese Grundlagen habe ich in *Praxis der Gesprächspsychotherapie*[6] ausführlich beschrieben. Es ist notwendig, sie zu kennen, um zu verstehen, was personzentriert arbeiten heißt. Aber es ist ebenso notwendig, sich darüber im klaren zu sein, daß diese Grundlagen in nicht-therapeutischen Arbeitsfeldern anders umgesetzt werden müssen als in der Psychotherapie. Im Folgenden werde ich diejenigen Aspekte herausgreifen und präzisieren, welche für personzentrierte Arbeit in diesen anderen Bereichen relevant sind. Im Zentrum steht

A. Theoretische Grundlagen

Ein humanistisches Menschenbild

das in jedem Menschen eine eigenständige, in sich wertvolle Persönlichkeit sieht und die Verschiedenartigkeit der Menschen respektiert. Keine zwei Personen sind gleich, auch nicht zwei mit der gleichen Behinderung oder mit dem gleichen Krankheitsbild. Dieser individuellen Verschiedenartigkeit entsprechen vielfältige und ganz unterschiedliche Möglichkeiten, das Leben zu bewältigen. Die humanistische Sichtweise geht von der Annahme aus, daß jeder Mensch grundsätzlich auf *Wachstum und Selbstaktualisierung* ausgerichtet ist und ganz eigene Fähigkeiten zu Veränderung und Problemlösung in sich hat. Diese Bestrebungen und Fähigkeiten können aus den verschiedensten Gründen – Entwicklungsstörungen, traumatische Erlebnisse, mangelnde Förde-

5 Rogers (1969, 1970, 1977, 1980, 1982)
6 Pörtner (1994)

rung, Krankheit, Alterungsprozeß – gestört oder eingeschränkt sein. Diese brachliegenden Ressourcen gilt es zu entdecken und zu fördern. Grundsätzlich *wissen nicht wir, was für andere Menschen gut ist, sondern sie selber,* auch wenn der Zugang zu diesem Wissen verschüttet sein mag.

Jeder Mensch muß ernstgenommen werden in seiner ganz eigenen Art und Ausdrucksweise, selbst wenn sie zunächst unverständlich erscheint. Für die betreffende Person hat sie einen Sinn, und das muß respektiert werden. Nicht immer gelingt es, diesem Sinn auf die Spur zu kommen. Wir müssen damit leben, daß es oft nicht gelingt, die Mauer zu durchdringen und die Welt geistig behinderter oder verwirrter alter Menschen zu verstehen. Aber das Wissen, daß ihr Verhalten für sie einen Sinn hat, auch wenn er uns verborgen bleibt, impliziert eine Haltung, die an sich schon positive Auswirkungen hat. Einem Menschen mit der Einstellung zu begegnen, daß sein Verhalten eine Bedeutung hat, die wir nicht verstehen, ermöglicht einen ganz anderen Zugang zu ihm, als wenn wir ihn einfach als »verwirrt«, »verrückt« oder »unangepaßt« abstempeln. Wir müssen versuchen, uns *in seine Wahrnehmungen und sein Empfinden einzufühlen,* auch wenn sie schwer nachvollziehbar sind. Allein schon der *Versuch, zu verstehen,* verändert die Qualität der Beziehung. Menschen so zu begegnen, bedeutet: verschüttetes Potential aufspüren, schlummernde Ressourcen wecken oder wenigstens dazu beitragen, daß vorhandene Fähigkeiten erhalten und unterstützt werden, damit sie nicht noch mehr verkümmern. Diese Haltung ist eine der Grundbedingungen der Gesprächspsychotherapie,[7] und sie ist auch eine zentrale Voraussetzung für personzentriertes Arbeiten in jedem anderen Bereich. Dabei muß der jeweilige Kontext berücksichtigt werden, der in jedem Arbeitsgebiet wieder anders ist.

---

[7] Rogers (1957)

Die personzentrierte Haltung

hat drei Komponenten:

Empathie (oder einfühlendes Verstehen) ist das Bestreben, das Erleben und die Gefühle des Gegenübers genau und sensibel zu erfassen, mich in seinen inneren und äußeren Bezugsrahmen so einzufühlen, als ob ich der andere wäre, und dennoch nie außer acht zu lassen, daß ich ich selbst und nicht der andere bin. Empathie ist nicht Identifikation. Einfühlendes Verstehen dient nicht dazu, das Gegenüber zu interpretieren oder einzuordnen, sondern ist ein Versuch, sich möglichst genau in sein Erleben und in seine Welt hineinzuversetzen. Die Erfahrung, verstanden zu werden, ist an sich schon entwicklungsfördernd.

Wertschätzung (oder nicht-wertendes Akzeptieren) bedeutet, daß ich mein Gegenüber ohne zu werten akzeptiere, als ganze Person, so wie sie im Augenblick ist, mit all ihren Schwierigkeiten und Möglichkeiten.

Kongruenz (oder Echtheit) heißt, daß mir mein eigenes Erleben bewußt ist und ich es trennen kann von dem, was ich beim Gegenüber wahrnehme. Kongruenz heißt, dem anderen Menschen als Person begegnen und sich nicht hinter einer professionellen Maske verstecken. Das erfordert, daß ich meine Gefühle, Impulse und Eindrücke zulasse und akzeptiere, aber nicht, daß ich sie dem anderen Menschen in jedem Fall ungefiltert an den Kopf werfe. Ich muß abschätzen können, wann es im Rahmen meiner Aufgabe sinnvoll ist, meine Gefühle mitzuteilen, und wann nicht. Zur Kongruenz gehört auch, daß die Rahmenbedingungen der jeweiligen Situation klar und für alle Beteiligten durchschaubar sind.

Die Theorie vom Selbstkonzept[8]

vermittelt ein vertieftes Verständnis dafür, was Kongruenz bedeutet. Sie ist auch geeignet als Verständnishintergrund für die im folgenden Kapitel formulierten Richtlinien für personzentrierte Arbeit und soll deshalb hier kurz zusammengefaßt werden:

Der Begriff »Selbstkonzept« umfaßt das Bild, das eine Person von sich hat, sowie die Wertung, die sie damit verbindet. Das Selbstkonzept entwickelt sich einerseits aus der unmittelbaren Erfahrung des Kleinkindes (Beispiel: Hunger – Sättigung) und andererseits aus den Wertungen, welche die Umwelt ihm vermittelt (Beispiel: »Sich schmutzig machen ist böse«). Dieses Selbstkonzept ist nicht fest, sondern beweglich, es entwickelt und wandelt sich fortwährend aufgrund der Erfahrungen, die ein Mensch im Lauf seines Lebens macht.

Störungen und emotionale Schwierigkeiten entstehen dann, wenn Erfahrungen, Gefühle, Empfindungen nicht mehr zugelassen werden können, weil sie nicht vereinbar sind mit einem Selbstkonzept, das aufgrund von rigiden Wertvorstellungen oder Tabus erstarrt ist (Beispiel: »Wütend werden ist schlecht«). Oder auch, weil Erfahrungen so schmerzlich und unerträglich sind, daß das Kind sie verdrängen oder umdeuten mußte, um überleben zu können (krasses, aber leider nicht seltenes Beispiel: sexueller Mißbrauch).

Kongruenz bedeutet *Übereinstimmung zwischen Selbstkonzept und Erfahrung:* Das Selbstkonzept ist beweglich und fähig, neue Erfahrungen aufzunehmen und zu integrieren.

Inkongruenz bedeutet ein *starres Selbstkonzept,* das nur solche Erfahrungen und Gefühle zulassen kann, die in die einmal festgelegten engen Grenzen passen, während alle anderen geleugnet, verdrängt, rationalisiert, umgedeutet werden müssen oder gar nicht wahrgenommen werden können.

---

8 Rogers (1951)

Leitfaden 1

Handlungsgrundlagen

- Gleichgewicht zwischen Rahmen und Spielraum
- Klarheit
- Erleben als zentraler Faktor
- Nicht was fehlt, ist entscheidend, sondern was da ist
- Die kleinen Schritte
- Der Weg ist ebenso wichtig wie das Ziel
- Vertrauen auf Entwicklungsmöglichkeiten
- Selbstverantwortung

Das Gleichgewicht zwischen Rahmen und Spielraum

Der Rahmen einer Situation muß sorgfältig beachtet werden. Die Betreuerin muß sich darüber klar sein, *worauf* sich in einer bestimmten Situation ihre Empathie bezieht. Sie muß auch erkennen, wo ihr Grenzen gesetzt sind und wo sie Grenzen setzen oder etwas verlangen muß. Daß das oft vernachlässigt wird, führt immer wieder zu Mißverständnissen und Enttäuschungen.

Eine Alltagssituation ist etwas anderes als eine therapeutische Situation. Der Rahmen einer Psychotherapie ist die Therapiestunde. Im Mittelpunkt stehen das subjektive Erleben des Klienten und das Bemühen des Therapeuten, sich in dieses Erleben möglichst genau einzufühlen. Der Rahmen einer Wohngruppe verlangt vom Betreuer nicht nur, daß er sich in das Erleben der Bewohnerinnen einzufühlen vermag, sondern auch, daß er den

Bedingungen der Institution gerecht wird. Das läßt sich mit einem einfachen Beispiel illustrieren:

Beispiel 3
Hans M. lebt in einer Kleinwohngruppe. Er spült nicht gerne Geschirr. Voraussetzung, um in eine solche Wohngruppe aufgenommen zu werden, ist aber, daß die Bewohner ihren Haushalt zu einem großen Teil selber erledigen. Hans schimpft jedesmal heftig, wenn er Geschirr spülen soll, und tut es dann widerwillig und murrend. Wie kann die Betreuerin hier Empathie und Wertschätzung aufbringen? Indem sie die Wut und den Ärger versteht und akzeptiert und Hans dies auch mitteilt (z. B.: »Du ärgerst dich jetzt, weil du abwaschen mußt«; »Du spülst nicht gerne Geschirr«; o. ä.), aber nicht, indem sie ihm das Abwaschen abnimmt oder jemand anderen damit beauftragt.

Die Empathie bezieht sich auf die Gefühle des Mannes, sein Ärger wird akzeptiert. Aber in der Sache werden ihm Grenzen gesetzt: Das Geschirrspülen wird von ihm verlangt. Diese Unterscheidung ist wichtig: Auf der einen Seite muß sich die Betreuerin *in die emotionale Reaktion des Gegenübers einfühlen und sie annehmen können*, auf der anderen Seite muß sie *den Rahmen der Institution respektieren und vertreten.* Manche Betreuer haben Mühe mit diesem Rahmen und neigen dazu, ihn zu verwischen. Dabei zielen – gerade bei Jugendlichen – viele Aktionen darauf, daß endlich einmal dieser Rahmen klargestellt wird, der unausgesprochen ja doch da ist.

Der Rahmen wird einerseits bestimmt durch:
- die Gegebenheiten der Institution,
- die spezifischen Bedingungen der jeweiligen Situation;

andererseits durch:
- die Fähigkeiten und Grenzen der Mitarbeiterinnen,
- die Fähigkeiten und Grenzen der Klientinnen.

Diesen Rahmen klar zu erkennen und ihm Rechnung zu tragen ist auch deshalb unerläßlich, weil nur so der *Spielraum* sichtbar wird, in dem die personzentrierte Haltung zum Tragen kommen kann.

Das Gleichgewicht zwischen Rahmen und Spielraum ist ein entscheidender Faktor der Betreuungsarbeit, der in verschiedenen Zusammenhängen und auf allen Ebenen zum Tragen kommt. Es braucht stets beides: Rahmen *und* Spielraum. Das eine ist nichts ohne das andere. Sie bedingen einander gegenseitig, müssen sich ergänzen und in einem sowohl der Situation wie den betroffenen Personen angemessenen Gleichgewicht zueinander stehen. Dieses Gleichgewicht immer wieder neu zu finden und herzustellen, ist eine der wesentlichen Aufgaben in der Betreuungsarbeit – ganz gleich ob es um pflegebedürftige, behinderte oder verhaltensauffällige Menschen geht. Ihnen bestmögliche Lebens- und Entwicklungsbedingungen bieten, bedeutet immer: *soviel Rahmen wie nötig und soviel Spielraum wie möglich* zur Verfügung stellen.

Häufig wird nur das eine gesehen und das andere vernachlässigt. Lange Zeit – und das wirkt bis heute nach – war der »feste Rahmen« ein Hauptanliegen in der Betreuungsarbeit. So berechtigt dieses Anliegen ist: Wenn der Rahmen nicht zugleich Spielraum für eigene Entscheidungen und Initiativen absteckt, wird er der Entwicklung eher hinderlich als förderlich sein. Auf der anderen Seite ist es wenig hilfreich, einseitig Entscheidungsfreiheit anzustreben, ohne den Rahmen im Auge zu haben. Wenn der Spielraum nicht durch einen klaren Rahmen begrenzt und geschützt ist, sondern so weit und offen, daß er für die betroffenen Personen nicht mehr überblickbar ist, dann sind sie überfordert und können die Entscheidungsfreiheit nicht wahrnehmen. Es braucht einen Rahmen, damit die Situation Sicherheit vermittelt und überschaubar bleibt. Und es braucht Spielraum, damit der Rahmen nicht als Einschränkung wirksam wird, sondern einen geschützten Raum anbietet, in dem eigene Impulse erprobt und Entscheidungen selber getroffen werden können.

Beispiel 4

Hanna U. ist eine Sammlerin und stopft ihr Zimmer voll mit Barbie-Puppen, alten Zeitungen, leeren Schachteln etc. Sie kann nichts wegwerfen. Wenn das Aufräumen unumgänglich wird, weil das Zimmer überquillt, ist es immer ein Kampf, sie von dieser Notwendigkeit zu überzeugen. Sie wehrt sich dagegen, Dinge aussortieren zu müssen. Der Betreuerin widerstrebt es, ihr einfach zu sagen, was sie zu tun hat, oder für sie aufzuräumen. Sie möchte ihr das möglichst selber überlassen. Doch wenn sie Hanna bittet aufzuräumen, geschieht nichts. Sie kommt auf folgende Idee: Sie setzt ihr eine Frist, innerhalb deren das Zimmer aufgeräumt sein muß. Hanna kann wählen, ob sie es alleine oder zusammen mit der Betreuerin machen will. Auch den Zeitpunkt (innerhalb der gesetzten Frist) kann sie bestimmen. Da es ihr Mühe macht, sofort zu antworten, schreibt die Betreuerin die verschiedenen Varianten auf einen Zettel, den sie an die Wand hängt. Sie bittet Hanna, bis sie wiederkommt, anzukreuzen, für was sie sich entschieden hat. Am nächsten Tag hat Hanna auf dem Zettel angekreuzt: Am Mittwoch mit der Betreuerin aufräumen.

Dieses einfache Beispiel zeigt, worum es geht: Schon aus Rücksicht auf die Mitbewohner und aus hygienischen Gründen kann Hanna U. das Aufräumen nicht erspart werden. Sie *muß* aufräumen – das ist der Rahmen. Aber innerhalb dieser Forderung kann Hanna *zwischen verschiedenen Möglichkeiten wählen* – das ist der Spielraum.

Solche minimalen Wahlmöglichkeiten mögen Außenstehenden nebensächlich erscheinen. Für Hanna U. – und nicht nur für sie, sondern für alle Menschen, die weitgehend fremdbestimmt leben müssen – ist jeder noch so kleine Entscheidungsspielraum von großer Bedeutung. Eigene Entscheidungen zu treffen, wirkt sich spürbar auf die Lebensqualität aus. Selber entscheiden können heißt, ernstgenommen und als erwachsen betrachtet werden, heißt – wenn auch nur in begrenztem Rahmen – selbständig handeln können. Wenn Menschen nur bevormundet werden, wenn alles für sie entschieden wird und sie keinerlei Wahlmöglichkeiten haben, werden sie entweder rebellisch oder apathisch. Das eine führt zu zermürbenden Machtkämpfen, das andere zu Resignation. Beides ist weder für die betroffenen Personen noch für ihre Umgebung förderlich. Deshalb müssen eigene Entscheidungen nicht nur respektiert, sondern wo immer möglich *angeregt* und *ermutigt* werden.

Ein angemessenes Gleichgewicht zwischen Spielraum und Rahmen herzustellen, ist eine anspruchsvolle Aufgabe. Es ist nicht etwas Statisches, das »diagnostisch« ermittelt und dann ein für allemal festgelegt werden kann, sondern eine subtile Balance, die immer wieder überprüft und neu gefunden werden muß, und zwar *mit* den Menschen, um die es geht, *nicht für sie.* Die Bezugspersonen müssen Entwicklungsschritte und Veränderungen sorgfältig beachten. Sie müssen aufmerksam wahrnehmen, ob und wie der Spielraum genutzt wird, ob er zu klein oder zu groß ist, und ob der Rahmen allenfalls verändert werden sollte.

Beispiel 5

Hanna U. kann mit ihrem Geld nicht umgehen. Jedesmal, wenn sie ihren Lohn ausbezahlt bekommt, geht sie ins benachbarte Einkaufszentrum und gibt ihr Geld bis auf den letzten Rappen für Barbie-Puppen und Zubehör aus, obschon sie bereits Unmengen davon besitzt. Dann hat sie bis zur nächsten Lohnauszahlung kein Geld mehr. Und wenn zum Beispiel die Wohngruppe gemeinsam Kaffee trinken geht, muß eine Kollegin für sie bezahlen. Alle Versuche, Hanna klarzumachen, daß sie das Geld einteilen muß, weil sie auch an anderen Tagen noch welches braucht, sind erfolglos. Es ist wie ein Zwang: Kaum hat Hanna Geld, muß sie alles ausgeben. Die Betreuerin beschließt, den Lohn in verschiedene Kuverts zu verteilen, für jede Woche eines. Die Kuverts werden in eine Schublade gelegt, und Hanna soll jede Woche eines herausnehmen. Das funktioniert. Hanna U. scheint sogar erleichtert über diese Stütze und hält sich daran. Wichtig ist für sie, zu wissen, daß die Betreuerin am Tag der Lohnauszahlung da ist, wenn sie nach Hause kommt, und mit ihr zusammen die Kuverts vorbereitet. Aber sie ist selber verantwortlich dafür, sie zur richtigen Zeit herauszunehmen.

In diesem Beispiel war es eine Hilfe, den Rahmen enger zu stekken. Mit der Freiheit, ihr Geld ganz alleine einzuteilen, war Hanna U. überfordert. Sie hat es als Erleichterung empfunden, als ihr eine Stütze angeboten wurde. Trotzdem blieb ihr eine gewisse Selbständigkeit, weil niemand kontrollierte, wann sie die Kuverts mit dem Geld aus der Schublade nahm. Die Verantwortung, sich an die Vereinbarung zu halten, blieb bei ihr.

Sensibilität im Erkennen individueller Möglichkeiten und Grenzen, Offenheit für Veränderungen sowie Flexibilität, darauf zu reagieren, ist gefordert. Ebenso wichtig aber ist *Klarheit* in bezug auf das, *was vorgegeben ist und worüber nicht diskutiert werden kann.*

Klarheit

ist ein Postulat, das nicht ohne weiteres mit dem personzentrierten Ansatz in Verbindung gebracht und daher häufig vernachlässigt wird. Klarheit ist jedoch eine unabdingbare Voraussetzung dafür, daß die personzentrierte Haltung überhaupt wirksam werden kann. Wo Klarheit fehlt, besteht die Gefahr, daß die Forderung nach einfühlendem Verstehen, nach Nicht-Werten, sondern Akzeptieren, als verschwommenes »Liebsein« und »laisser-faire« mißverstanden wird. Der Wunsch, die betroffenen Personen einzubeziehen und mitbestimmen zu lassen, verführt dann dazu, Tatsachen – zumal unangenehme – nicht zu erkennen oder zu verschleiern, auch vor sich selber. Dabei wird die Forderung nach Kongruenz (Echtheit) außer acht gelassen, die für die personzentrierte Haltung ebenso wichtig ist wie die beiden anderen Elemente. Kongruenz verlangt auch Klarheit in bezug auf den Rahmen, in welchem Entscheidungen möglich sind, und in bezug auf Tatsachen, die nicht zu ändern sind.

Manchen Mitarbeiterinnen sozialer Institutionen fällt es schwer, diese Klarheit aufzubringen. Sie neigen dazu, auch über Dinge zu diskutieren, welche die Gesprächspartner dann doch nicht beeinflussen können. Dabei ist kaum etwas so enttäuschend wie die Illusion, es gebe Wahlmöglichkeiten, wenn es gar keine gibt. Sicher wecken die Betreuer solche Illusionen nicht absichtlich. Oft wird ihnen erst, nachdem sie mit den Beteiligten diskutiert haben, bewußt, daß gar kein Entscheidungsspielraum bestanden hat.

Beispiel 6
In eine Wohngruppe für Erwachsene mit geistiger Behinderung soll ein neuer Bewohner aufgenommen werden. Es stehen zwei zur Wahl. Beide werden zum »Schnuppern« eingeladen, und anschließend werden die Bewohnerinnen gefragt, wen sie lieber aufnehmen möchten. Sie treffen ihre Wahl. Erst später wird dem Team und der Heimleitung klar, daß dieser Bewerber aus Gründen, welche die Bewohner weder wissen noch beurteilen können, nicht in Frage kommt. Sie entscheiden sich für den anderen. Zu Recht fühlen sich die behinderten Menschen hintergangen und beklagen sich darüber, daß man sie zwar frage, aber dann trotzdem über ihre Köpfe hinweg entscheide.

Unbedingt hätten sich Heimleitung und Team *vorher* genau überlegen müssen, ob die Mitbewohnerinnen mitentscheiden können oder nicht. Für die behinderten Menschen war das eine große Enttäuschung und einmal mehr die Erfahrung, nicht ernst genommen zu werden. Solche Erfahrungen sind nicht geeignet, das Vertrauen zu stärken. Sie könnten vermieden werden, wenn die Bezugspersonen sich vorher Klarheit verschaffen würden, ob und wo es für die betroffenen Personen einen Entscheidungsspielraum gibt.

Aus Gedankenlosigkeit herrührende Unklarheiten, die das Vertrauen untergraben, kommen keineswegs nur gegenüber Menschen mit geistiger Behinderung vor. Ich erinnere mich an ein Beispiel aus einer ganz normalen Volksschule:

Beispiel 7

In der 2. Klasse steht ein Lehrerwechsel bevor: Die Lehrerin setzt für ein halbes Jahr aus und muß in dieser Zeit vertreten werden. Mehrere Lehrerinnen und Lehrer halten Probelektionen. Später diskutiert die Lehrerin mit der Klasse über die Bewerber und fragt, wer den Schülern besser, wer ihnen weniger gut gefallen habe. Die Kinder nehmen diese Aufgabe sehr ernst, in der Meinung, daß ihre Aussagen bei der Auswahl mitberücksichtigt würden. Angestellt wird schließlich der Lehrer, der ihnen am wenigsten gefallen hat.

Wie verheerend sich das auf das Vertrauen der Kinder auswirkte, kann man sich vorstellen. Aber auch dem neuen Lehrer wurde kein guter Dienst erwiesen: Die Startbedingungen für seine Arbeit waren denkbar schlecht, der Mißerfolg war programmiert. Die Rahmenbedingungen – daß die neue Lehrkraft von einer Kommission ausgewählt wurde, auf welche weder die Lehrerin noch die Meinung der Kinder einen Einfluß hatte – wurden weder berücksichtigt noch klargestellt. Die Diskussion mit den Kindern weckte lediglich falsche Erwartungen, die dann enttäuscht wurden. Eine sinnvolle Art, die Kinder einzubeziehen, wäre in diesem Rahmen gewesen, ihnen die Wahl des Lehrers mitzuteilen und dann ihre Eindrücke, Gefühle, Befürchtungen mit ihnen zu besprechen.

Es kommt häufig vor, daß eine Entscheidung schon gefallen ist, die Betreuerinnen sich aber scheuen, das, was klar feststeht, den betroffenen Personen auch klar mitzuteilen. Sie fragen nach ihrer Meinung, als ob diese noch etwas bewirken könnte, und versuchen gleichzeitig, ihnen die bereits gefundene Lösung schmackhaft zu machen, also sie dahin zu manipulieren, wo sie sie haben möchten. Gerade Menschen mit geistiger Behinderung sind relativ leicht zu manipulieren. Auch um das zu vermeiden, ist Klarheit nötig. Fair ist es, feststehende Tatsachen zunächst einmal klar mitzuteilen und dann zu akzeptieren, daß der andere darauf nicht unbedingt erfreut reagiert. An diesem Punkt ist Einfühlung gefordert: das Erleben des betroffenen Menschen muß ernstgenommen, seine Enttäuschung, sein Zorn, sein Ärger oder seine Trauer beachtet und angenommen werden.

Erleben als zentraler Faktor

Wie etwas erlebt wird, ist mindestens so wichtig, ja oft viel entscheidender als die Frage, *was* sich ereignet hat. Jeder Mensch erlebt anders. Was den einen furchtbar erregt oder ängstigt, läßt die andere kalt. Was die eine als Einmischung empfindet, erlebt der andere als Hilfe. Was für die einen eine Freude ist, kann für andere lästige Verpflichtung bedeuten. Erleben ist subjektiv.

Dieses subjektive Erleben ist ein zentraler Aspekt der Persönlichkeit, ein Schlüssel zum Verstehen und ein Zugang zu Ressourcen. Das wird immer noch viel zuwenig in Betracht gezogen. Wir neigen dazu, unser Wissen, unsere Normen (und manchmal auch das eigene subjektive Erleben!) zum objektiven Maßstab zu machen – mit dem andere nichts anfangen können, weil er nicht mit ihrem Erleben übereinstimmt. Der Betreuer versucht, die behinderte Frau zu überzeugen, die Situation sei in Wirklichkeit ganz anders, als sie meine, anstatt darauf einzugehen, wie sie es erlebt, und von da aus nach Lösungen zu suchen.

Die Pflegeperson gibt dem Patienten Anweisungen, wie er sich verhalten muß, damit er sich besser fühlt, anstatt sich dafür zu interessieren, wie er die Krankheit erlebt, wie er damit umgeht und welche persönlichen Ressourcen er nutzen könnte. Veränderung kann nur aus dem eigenen Erleben entwickelt werden, nicht von außen. Sich in seinem Erleben verstanden zu fühlen, kann eine entscheidende Hilfe sein, um sich anders verhalten zu können. Deshalb ist es so entscheidend, daß Betreuerinnen sich in das Erleben der Menschen, die sie betreuen, einfühlen können.

Beispiel 8

Roland B., über 80, lebt seit einigen Wochen im Pflegeheim. Er ist ziemlich verwirrt und sehr widerspenstig. Er kotet ein und kann sich nicht mehr selber waschen. Doch er wehrt sich massiv dagegen, vom Pfleger gewaschen zu werden, und dreht sich so weg, daß dieser nicht an ihn herankommt. Der Pfleger versucht, ihm gut zuzureden, ihn herumzudrehen, aber das macht es nur noch schlimmer. Je mehr der Pfleger probiert, desto heftiger wehrt sich Roland B. Der Pfleger wird immer ungeduldiger, bis er selber merkt, daß er so nicht weiterkommt. Er hält einen Augenblick inne, atmet tief durch und versucht sich vorzustellen, wie seinem Gegenüber wohl zumute ist. Dann sagt er: »Nicht wahr, Herr B., es ist Ihnen peinlich, daß Sie sich von mir waschen lassen müssen, deshalb wenden Sie sich ab.« Roland B. dreht sich um und läßt sich willig waschen.

Dieses Beispiel zeigt, wie hilfreich – für beide Seiten – es in schwierigen Situationen sein kann, wenn die Betreuer versuchen, das Verhalten des Klienten aus seinem *Erleben* heraus zu verstehen. Nicht von ungefähr wird dem Erleben in der humanistischen Psychologie ein so großer Stellenwert eingeräumt. Auch in der Krankenpflege gibt es neue Ansätze, die sich auf humanistische Grundlagen stützen[9] und das subjektive Erleben der Patienten als wichtigen Faktor im Genesungsprozeß betrachten, der vermehrt mit einbezogen werden soll. Selbst in der Medizin wird die Bedeutung des subjektiven Erlebens mehr und mehr erkannt und berücksichtigt, zum Beispiel in der Schmerztherapie, einem noch relativ jungen Fachgebiet.

Nicht was fehlt, ist entscheidend, sondern was da ist

Oft steht das, was fehlt, so sehr im Vordergrund, daß das, was da ist, kaum beachtet wird. So kann es sich nicht weiterentwickeln und verkümmert. Nicht in den Defiziten liegt das Potential zu Veränderung, sondern in den Ressourcen. Die müssen aufgespürt, gefördert und genutzt werden. Der »diagnostische Blick«, der immerzu die Defizite im Auge hat, legt behinderte – oder verhaltensauffällige oder kranke oder alte – Menschen auf das fest, was sie nicht können, und trübt die Sicht auf das, was sie können.

Alte Menschen messen sich vorwiegend – und werden gemessen – an dem, was sie nicht mehr können, was weniger gut ist als früher. Dabei wird übersehen, daß dafür etwas ganz anderes aufblühen kann. Zum Beispiel entwickeln verwirrte alte Menschen, deren Denken eingeschränkt ist, manchmal ganz neue emotionale und intuitive Qualitäten, die ihnen früher in dieser Weise nicht zur Verfügung standen.

Selbstverständlich darf über die Begrenzungen eines Menschen nicht hinweggesehen werden. Entscheidend ist, aus welchem Blickwinkel das geschieht. Es ist ein Unterschied, ob Grenzen von dem aus betrachtet werden, was fehlt, oder aber von dem, was da ist. Wenn wir von dem ausgehen, was da ist, bezie-

9 Siehe Kapitel 11.

hen wir die Möglichkeit ein, daß es wachsen und die Grenzen sich vielleicht noch etwas verschieben könnten.

Beispiel 9
Hans M. soll einen Salat machen. Er hat ein Kilo Karotten eingekauft und fragt die Betreuerin: »Muß ich alle herrichten?« Die Betreuerin zeigt ihm die anderen Salate, die schon gerichtet sind, und meint, er solle abschätzen, wieviel Karotten es da noch brauche. Er sagt ganz klar: »Das kann ich nicht.« Die Betreuerin ist enttäuscht, daß er das einfach nicht lernen kann und in dieser Hinsicht keinen Schritt weiterkommt.

Man könnte das auch anders sehen: Ich meine, daß es schon ein Schritt ist, daß Hans M. hier seine Grenzen so klar sieht und um Hilfe bittet. Das heißt doch, daß er mit dieser Schwierigkeit ganz realistisch umgeht. Anstatt nur sein mangelndes Vorstellungsvermögen zu sehen, sollte auch das, was da ist, beachtet und unterstützt werden: er schätzt seine Fähigkeiten in diesem Punkt realistisch ein und holt sich Hilfe. Das ist eine Ressource, die er ausbauen und die ihm auch in anderen Situationen nützlich sein könnte. Das Beispiel zeigt auch, daß es manchmal ganz kleine Schritte sind, in denen die Möglichkeit zu weiterer Entwicklung steckt.

Die kleinen Schritte

die so leicht übersehen werden, sind besonders wichtig. Jeder Schritt, und sei er noch so klein, beweist die Fähigkeit, Schritte zu machen, und birgt das Potential zu weiteren Schritten. Deshalb sollten Betreuer geradezu mit der Lupe nach ihnen suchen und ihnen Beachtung schenken, wenn sie sie entdecken.

Entwicklungsschritte lassen sich nur dann sinnvoll verarbeiten und umsetzen, wenn sie im eigenen Rhythmus gemacht werden können. Das gilt nicht nur, aber ganz besonders für Menschen mit geistiger Behinderung. In aller Regel sind sie langsamer, können weniger große Abschnitte überblicken als wir. In einem weitgehend vom Tempo der »Normalen« bestimmten Alltag erleben sie permanent, daß sie überrannt werden und nicht mitkommen. Vor allem leicht behinderte Menschen entwickeln vielfach eine erstaunliche Geschicklichkeit, das zu überspielen. Die Bezugspersonen merken es oft gar nicht und überfordern sie noch mehr. Die Erfahrung des Ungenügens, des nicht Nachkommens ist für Menschen mit geistiger Behinderung so allgegenwärtig und erdrückend, daß ihnen die Bedeutung der kleinen Schritte, die ihnen hin und wieder gelingen, meist kaum bewußt wird.

Damit sind sie nicht allein. Auch nicht behinderte Menschen sehen das, was sie nicht (oder noch nicht) erreicht haben, oft sehr viel deutlicher als die Schritte, die ihnen gelungen sind, und neigen deshalb zu Mutlosigkeit und Resignation. Es lohnt sich, den Blick für die kleinen Schritte zu schärfen, denn jeder noch so unscheinbare Schritt gibt Anlaß zu Hoffnung und Mut, auch wenn er – wie das geschilderte Beispiel (9) ebenfalls gezeigt hat – in eine ganz andere Richtung geht, als die Bezugspersonen erwarten.

Der Weg ist ebenso wichtig wie das Ziel

Die Crux mit sogenannten Verhaltens- oder Erziehungszielen ist, daß Erfolg nur daran gemessen wird, ob sie erreicht werden oder nicht. Der Blick bleibt starr auf das Ziel gerichtet, und dabei wird übersehen, was unterwegs geschieht. Impulse, die in eine andere Richtung weisen, werden nicht beachtet, obschon sie vielleicht ganz neue Perspektiven eröffnen könnten, wenn die Betreuer nicht so fixiert wären auf das von ihnen formulierte Ziel. Manchmal ist die Erfahrung, sich auf den Weg zu machen und selber etwas bewirken oder verändern zu können, viel wichtiger als eine bestimmte Problemlösung oder das Erreichen eines vorgegebenen Ziels. Die betroffene Person erlebt sich nicht mehr als festgefahren, sondern in Bewegung, und das kann neue Energien freisetzen. Deshalb muß diese Bewegung vom Umfeld beachtet und ermutigt werden.

Beispiel 10

In einem Volkshochschulkurs für Erwachsene mit geistiger Behinderung lernen die Teilnehmer, ihre Anliegen vorzubringen. Paul W. wünscht sich schon lange ein Einzelzimmer, hat sich aber nie getraut, etwas zu sagen. Im Rollenspiel wird geübt, wie er das im Heim sagen könnte. Am nächsten Kursabend verkündet er strahlend: »Hab's gesagt.« Und: »Los.« Da es nur wenige Einzelzimmer gibt und mehrere Interessenten, haben die Betreuer beschlossen, das Los entscheiden zu lassen, wenn wieder eines frei wird. Und tatsächlich: Paul hat Glück, das Los fällt auf ihn. Dann sind Ferien. Nach einigen Monaten beginnt ein neuer Kurs, an dem Paul W. wieder teilnimmt. Die Dozentin erkundigt sich, wie es ihm in seinem Einzelzimmer gehe. Paul: »Nicht mehr Einzelzimmer. Viel zu langweilig.«

Hier stand nicht das Ziel im Vordergrund, sondern der Weg, den Paul W. zurücklegte. Sein Wunsch wurde ernstgenommen, er konnte Erfahrungen machen und aufgrund dieser Erfahrungen auf seine Entscheidung zurückkommen. Obschon die Betreuerinnen glaubten, voraussagen zu können, daß Paul W. sich im Einzelzimmer nicht wohlfühlen würde, ließen sie ihn diesen Prozeß Schritt für Schritt selber erleben und akzeptierten seine Entscheidung. Daß solche Erfahrungen einen Menschen sehr viel weiter bringen als Entscheidungen, die »zu seinem Besten« von anderen getroffen werden, liegt auf der Hand.

Eine *prozeßorientierte Betrachtungsweise*, die sich nicht an einer einmal erworbenen Erkenntnis festhakt, sondern Veränderungen wahrnimmt und einbezieht, ist charakteristisch für personzentrierte Arbeit, der es ein Anliegen ist, die betreuten Personen in ihrer Entwicklung zu fördern.

Vertrauen auf Entwicklungsmöglichkeiten

Dieser Grundsatz erscheint vielleicht auf den ersten Blick befremdlich. Vertrauen auf Entwicklungsmöglichkeiten mag in der Arbeit mit Jugendlichen gerechtfertigt sein, wo es unbestritten darum geht, ihre Entwicklung zu fördern. Aber ist dieses Vertrauen bei den anderen Personengruppen, mit denen wir es hier zu tun haben, nicht fehl am Platz? Ist Entwicklung bei alten, betreuungsbedürftigen, vielleicht sogar verwirrten Menschen noch möglich, ist sie nicht abgeschlossen oder sogar rückläufig? Müssen Kranke nicht einfach gesund werden oder, wenn das nicht möglich ist, sich mit der Krankheit abfinden? Was hat das mit Entwicklung zu tun? Und bedeutet geistige Behinderung bei Erwachsenen nicht eben, daß ihre Entwicklung auf einer bestimmten Stufe stehengeblieben ist? Ist es nicht die Aufgabe der Bezugspersonen, hier stützend einzugreifen? Wie sollen sie da auf Entwicklungsmöglichkeiten vertrauen?

Solange Menschen leben, müssen sie sich immer wieder auf veränderte Bedingungen einstellen und damit zurechtkommen. Auch Einschränkungen sind Veränderungen, die Neuorientierung erfordern. Diese Veränderungen können das Umfeld betreffen: ein neuer Betreuer, ein anderes Zimmer, eine neue Mitbewohnerin, usw.; oder aber die eigene Person: körperliche Beschwerden, Nachlassen der Orientierungsfähigkeit, usw. Eine Krankheit kann ebenfalls Umorientierung und Entwicklung bedeuten, indem Veränderungen des Selbstbildes, der Einstellung und der Lebensgewohnheiten erforderlich werden, um sich in der neuen Situation zurechtfinden und möglichst wohl fühlen zu können.

Oftmals werden lebenslang eingespielte Verhaltensweisen den

veränderten Umständen nicht mehr gerecht, sie müssen aufgegeben und neue dafür gefunden werden. Auch das ist Entwicklung, und in diesem Sinne findet auch bei alten, verwirrten oder behinderten Menschen Entwicklung statt: sie müssen sich im Rahmen ihrer Fähigkeiten und Möglichkeiten auf neue Situationen einstellen. Wenn wir davon ausgehen, daß der Organismus grundsätzlich darauf ausgerichtet ist, Ressourcen zu mobilisieren, um sich möglichst gut an veränderte Lebensbedingungen anzupassen, dann erscheint es nicht mehr so abwegig, bei dieser Arbeit auf Entwicklungsmöglichkeiten zu vertrauen und sie, wo immer es geht, zu fördern.

Bei Jugendlichen sollte das Vertrauen auf Entwicklungsmöglichkeiten eigentlich selbstverständlich sein, doch werden Jugendlichen, die als verwahrlost oder verhaltensauffällig gelten, in dieser Hinsicht oft erschreckend wenig Chancen eingeräumt. Allzu häufig wird vorwiegend versucht, durch einengende Maßnahmen das unerwünschte Verhalten einzudämmen oder ganz bestimmte Veränderungen zu erzwingen, anstatt den geeigneten Rahmen und genügend Spielraum für *eigene Entwicklungsschritte* anzubieten.

Können Erwachsene mit geistiger Behinderung ihre eingeschliffenen, meist schon von Kindheit an geprägten, starren Verhaltensmuster überhaupt ändern? Sind alte Menschen noch in der Lage, liebgewordene Lebensgewohnheiten oder Prinzipien loszulassen und neue Einstellungen zu entwickeln?

Es ist durchaus realistisch, die Erwartungen nicht zu hoch anzusetzen und dennoch offen zu sein für Überraschungen. Manchmal ist es erstaunlich, zu welch unerwarteten Schritten, die man ihnen nie zugetraut hätte, Menschen plötzlich fähig sein können.

Beispiel 11

Bernhard C., ein 37jähriger, von Geburt an schwer hörgeschädigter, nicht sprechfähiger Mann mit ausgeprägt autistischen

Zügen, pflegte seit eh und je im Familienkreis, kaum hatte er fertig gegessen, vom Tisch aufzustehen und sich ins Nebenzimmer auf seinen Lieblingssessel zurückzuziehen, während die anderen noch sitzen blieben und sich unterhielten. Vor wenigen Wochen kam er zum erstenmal nach einer Weile an den Tisch zurück und blieb bei den anderen sitzen, bis die Runde sich auflöste. Und auch erst vor kurzem legte er, der sich Berührungen immer entzogen hatte, zum erstenmal seine Hand auf die Hand seiner Mutter und ließ sie eine ganze Weile dort liegen. Die Angehörigen waren sprachlos: Bernhard zeigte unverhofft Verhaltensweisen, die sie an ihm nie gekannt hatten. Offensichtlich war Bernhard in seiner emotionalen Entwicklung durchaus nicht einfach stehengeblieben.

Zur personzentrierten Haltung gehört es, Menschen grundsätzlich Entwicklungsmöglichkeiten zuzutrauen, aber – und das ist ebenso wichtig – Entwicklung nicht zu forcieren. *Erst wenn ein Mensch so angenommen wird, wie er im Augenblick ist, werden Veränderungen möglich.* Auch Stillstand kann einen Sinn haben, kann eine Atempause bedeuten, die notwendig ist, damit irgendwann ein nächster Schritt getan werden kann.

Wenn wirklich keine weitere Entwicklung mehr möglich ist, besteht eine wichtige Aufgabe der Betreuer darin, *festgefahrene Verhaltensweisen nicht noch weiter zu verstärken und den eingeschränkten Verhaltensspielraum nicht noch mehr einzuengen.* Auch dazu bedarf es einer Haltung, die Entwicklungsmöglichkeiten nicht von vorneherein ausschließt, aber auch nicht zu Veränderungen drängt. Dieser anspruchsvolle Aspekt ihrer Aufgabe wird von den Betreuern oft nicht gesehen oder zu gering eingeschätzt.

Selbstverantwortung

hat im personzentrierten Ansatz einen hohen Stellenwert: Jedem Menschen wird in dem Maß, in dem es seine Fähigkeiten und Möglichkeiten erlauben, Verantwortung für sich selbst sowohl zugestanden als auch zugetraut.

Selbstverantwortung ist kein absoluter Begriff. Einem neugeborenen Kind kann zunächst keinerlei Selbstverantwortung zugemutet werden. Es ist jedoch ein wesentlicher Aspekt des Heranwachsens, immer mehr und in immer weiteren Bereichen Verantwortung übernehmen zu lernen. In der personzentrierten Arbeit ist es ein zentrales Anliegen, die Selbstverantwortung jedes Menschen soweit wie möglich zu respektieren und zu fördern.

Die Möglichkeiten, Verantwortung für sich zu übernehmen, sind bei Menschen, die Betreuung brauchen, naturgemäß eingeschränkt. Leider führt das oft dazu, daß sie ihnen *ganz* abgenommen wird. Doch es gibt immer irgendeinen Bereich, und sei er noch so klein und unscheinbar, in dem sie Verantwortung übernehmen *können*. Und in diesem Bereich *muß* ihnen Verantwortung überlassen werden. Es ist die Aufgabe der Bezugspersonen, herauszufinden, in welchen Bereichen den Menschen, die sie betreuen, Verantwortung zugetraut und zugemutet werden kann, und das dann auch zu tun und nicht zu denken: »Ich weiß es besser«. Bei einem sehr schwer behinderten Menschen kann das vielleicht heißen: ihn selber entscheiden lassen, ob er die Tür zu seinem Zimmer offen oder zu haben will, bei einer andern, ob sie den Schirm mitnehmen oder lieber naß werden will, wenn sie bei Regen ins andere Haus hinübergeht – irgend etwas ganz Alltägliches kann geeignet sein, Verantwortung für sich selbst zu übernehmen. Warum ist das so entscheidend?

Verantwortung übernehmen heißt, ernstgenommen werden, nicht völlig abhängig sein von anderen, und das wiederum beeinflußt die Lebensqualität und das Selbstwertgefühl. Je eingeschränkter die Möglichkeiten eines Menschen sind, Verantwortung für sich zu übernehmen, desto wichtiger ist es, sie ihm *nicht ganz* zu nehmen, damit die entsprechenden Fähigkeiten nicht völlig verkümmern und Unselbständigkeit und Abhängigkeit nicht immer größer werden.

Beispiel 12
Lore F., die seit ihrem Schlaganfall gelähmt ist und nicht mehr sprechen kann, lebt im Pflegeheim. Sie hat Besuch von einer Freundin, die sehr gut auf sie eingeht und über deren Besuche sie sich sichtlich freut. Der Pfleger kommt herein, um das Kaffeegeschirr abzuräumen. Plötzlich fällt ihm ein, daß im Aufenthaltsraum Kinder eines Kindergartens für die Pflegeheimbewohnerinnen Lieder singen. Er packt den Rollstuhl: »Schnell, Frau F., draußen ist was los!«, und fährt die verdutzte Frau hinaus, ohne die ebenso verdutzte Besucherin zu beachten oder sich zu vergewissern, ob sich Lore F. überhaupt für die singenden Kinder interessiert oder vielleicht lieber mit ihrer Freundin im Zimmer bleiben möchte.

Leider prägt dieses Nicht-Respektieren der Selbstverantwortung allzu häufig den Alltag in solchen Institutionen. Der Pfleger hat es sicherlich gut gemeint, er wollte, daß Lore F. die Attraktion nicht verpaßte. Aber es »gut zu meinen« ist keine Rechtfertigung dafür, sich über die Wünsche und die Eigenverantwortlichkeit des anderen hinwegzusetzen. Bei pflegebedürftigen Menschen führt das dazu, daß ihre Abhängigkeit immer mehr verstärkt wird, bis sie mit der Zeit tatsächlich nicht mehr in der Lage sind, irgendeine Entscheidung selber zu treffen und die Verantwortung dafür zu übernehmen.

Aus den beschriebenen Grundlagen personzentrierten Arbeitens lassen sich einige brauchbare Richtlinien für den Alltag ableiten.

4 Richtlinien für den Alltag

Diese Richtlinien sollen deutlich machen, wo die Schwerpunkte der personzentrierten Arbeitsweise liegen und worauf es in der Praxis ankommt. Es handelt sich nicht starre um Regeln, sondern um ein Gerüst, an dem man sich orientieren soll. Dabei muß im-

Leitfaden 2

Richtlinien für den Alltag

- Zuhören
- Ernstnehmen
- Von der »Normalsituation« ausgehen
- Beim Naheliegenden bleiben
- Sich nicht von Vorwissen bestimmen lassen
- Erfahrungen ermöglichen
- Auf das Erleben eingehen
- Ermutigen
- Nicht ständig auf das »Symptom« starren
- Eigenständigkeit unterstützen
- Überschaubare Wahlmöglichkeiten geben
- Stützen für selbständiges Handeln anbieten
- Klar informieren
- Konkret bleiben
- Die »Sprache« des Gegenübers finden
- Den eigenen Anteil erkennen

- Die Situation ansprechen

mer die Frage gestellt werden: *was bedeuten diese Richtlinien in dieser konkreten Situation, mit diesem Menschen, unter diesen Rahmenbedingungen?*

Voraussetzung, um so zu arbeiten, ist, daß die Bezugspersonen sich für die Menschen, die sie betreuen, wirklich interessieren. *Ohne echtes Interesse für andere Menschen, für ihre Unterschiedlichkeit und für ihre jeweils ganz persönliche Eigenart, lassen sich diese Richtlinien nicht sinnvoll umsetzen, sondern bleiben leere Formeln.*

Zuhören

Zuhören ist *die* zentrale Grundlage personzentrierten Arbeitens: Zuhören, auch behinderten Menschen, die Mühe haben, sich auszudrücken; alten Menschen zuhören, auch wenn das, was sie sagen, sich realitätsfern oder wirr anhört; Jugendlichen zuhören, auch wenn ihre Ansichten unausgegoren und abwegig erscheinen; hinhören auf Nuancen, auf Hinweise für Veränderung, für eigenständige Impulse, Bedürfnisse oder Wünsche, auf Gefühlsäußerungen und Stimmungen. Zuhören ist unerläßlich, um besser zu verstehen, wie der andere Mensch empfindet und was er braucht, aber auch, um herauszufinden, wie die Bezugspersonen darauf eingehen können. Ohne Zuhören ist keine zufriedenstellende Betreuung und Förderung möglich. Betreuer müssen zuhören, bevor sie handeln oder Maßnahmen treffen können. Und zwar: *zuhören mit allen Sinnen,* auch auf Reaktionen, Gefühle, Empfindungen achten, die keinen sprachlichen Ausdruck finden.

Das heißt auch *hinschauen* – aber nicht im Sinn von »Verhalten beobachten«, um es dann zu deuten oder zu beurteilen, sondern im Sinn von *sich einfühlen in die Welt der anderen Person, aufmerksam sein auf Hinweise für ihr Erleben.* Ist sie verspannt oder gelöst, schaut sie ängstlich oder traurig oder fröhlich drein, sucht sie Nähe oder zieht sie sich lieber zurück? Wie reagiert sie auf mein Verhalten, was scheint sie zu mögen, was scheint ihr unangenehm zu sein?

Ernstnehmen

auch wenn eine Äußerung unverständlich und eine Verhaltensweise absurd erscheint. Ernstnehmen, daß der Patient über Schmerzen klagt, auch wenn die Pflegeperson aus Erfahrung zu wissen meint, bei diesem Zustand könnten keine so starken Schmerzen auftreten oder das verabreichte Schmerzmittel müßte längst gewirkt haben. Ernstnehmen, was die alte Frau erzählt, auch wenn es der Betreuerin unwahrscheinlich vorkommt.

Beispiel 13
Alice M., eine zweiundachtzigjährige Frau, wird durch eine spanisch sprechende Angestellte im Pflegeheim an eine Reise nach Argentinien erinnert, die sie als achtzehnjähriges Mädchen gemacht hat. Sie erzählt der Pflegerin von der Überfahrt auf dem Ozeandampfer, von ihrem Onkel, der sie eingeladen hat auf sein Landgut. Für die Pflegerin ist das eine unbekannte Welt, an die sie nicht recht glauben kann. Da Alice M. oft verwirrt ist, tut sie ihre Erzählung als Phantasieren ab. Sie sagt zwar »jaja«, aber hört nur mit halbem Ohr hin. Alice M. merkt das und regt sich auf. Zufällig kommt die Tochter dazu, die weiß, daß diese Reise nach Argentinien tatsächlich ein einschneidendes Ereignis im Leben ihrer Mutter gewesen ist. Die Pflegerin ist sehr erstaunt und hat Mühe, das zu akzeptieren, weil es nicht in das Bild paßt, das sie sich von der verwirrten alten Frau gemacht hat.

Es war also ein durchaus reales und für ihr Leben bedeutungsvolles Geschehen, an das sich Alice M. – trotz zeitweiliger Verwirrtheit – ganz deutlich erinnerte. Ihr aufmerksam zuzuhören und ihre Erzählung ernstzunehmen, hätte der Pflegerin aufschlußreiche Informationen über die Lebensgeschichte und die Welt von Alice M. vermitteln und neue Perspektiven für ihre Beziehung zu ihr eröffnen können.

Meist spielt es jedoch gar keine so große Rolle, ob die Fakten stimmen oder nicht. Wichtig ist, daß es dem anderen Menschen etwas bedeutet, das jetzt zu erzählen. *Das* muß ernstgenommen werden. Vielleicht ist es ein Bild für eine Stimmung, für ein Gefühl, für einen Wunsch oder für sonst etwas, das ihn beschäftigt und das er nicht anders zum Ausdruck bringen kann. Wie sich das zum Beispiel im Verlauf der Gesprächstherapie mit der 20-jährigen, geistig behinderten Kathrin A. zeigte:

Beispiel 14

Kathrin A. phantasierte fast in jeder Stunde von Unfällen und Krankenhäusern; sie sei am Morgen im Spital gewesen, der Krankenwagen habe sie geholt, oder das Spital habe angerufen, sie müsse helfen kommen, sie habe jemandem bei der Operation die Hand halten müssen, usw. Obschon es offensichtlich nicht stimmte, habe ich ernstgenommen, was sie mir erzählte, und bin darauf eingegangen. Im Verlauf der Therapie stellte sich heraus, daß diese Spitalphantasien Anklänge und Erinnerungsfetzen an ein traumatisches Erlebnis waren, das sie nie hatte verarbeiten können: Sie war mit fünfzehn Jahren operativ sterilisiert worden, ohne daß jemand sie auf den Eingriff vorbereitet oder ihr erklärt hätte, was da mit ihr geschah.

Diese Beispiele zeigen deutlich, wie notwendig es ist, ernstzunehmen, was die betroffenen Menschen auszudrücken versuchen, und es nicht mit dem Stempel »Behinderung« oder »Verwirrtheit« beiseitezuschieben, auch wenn wir es nicht verstehen oder nicht glauben können. Das Bemühen, *sich in ihre subjektive Wahrnehmung, in ihr subjektives Erleben und in ihren Bezugsrahmen einzufühlen,* bewirkt nicht nur, daß sich die betreuten

Menschen besser verstanden und angenommen fühlen, sondern eröffnet auch für die Betreuerinnen ganz neue Horizonte des Verstehens, welche die Arbeit lebendiger und interessanter machen.

Auch Bedürfnisse und Wünsche müssen ernstgenommen werden, unabhängig davon, ob sie erfüllt werden können. Es ist etwas ganz anderes, ob ein Wunsch akzeptiert wird, aber aus irgendwelchen Gründen nicht erfüllt werden kann, oder ob er an sich schon als ungehörig abgetan wird. Dieser Unterschied wird am Beispiel der kleinen Kathi sehr schön sichtbar.[10] Es fällt uns jedoch im allgemeinen schwer, diese Unterscheidung zu machen, wir neigen dazu, »akzeptieren« mit »erfüllen« gleichzusetzen und, wenn das nicht möglich ist, tadeln wir den Wunsch oder das Bedürfnis. Könnte das nicht mit unseren Schwierigkeiten zusammenhängen, unsere Grenzen – in diesem Fall der Wunscherfüllung – zu akzeptieren?

Zum Ernstnehmen gehört auch ein Grundsatz, der eigentlich selbstverständlich ist, aber in der Praxis allzuoft nicht beachtet wird: *Niemals* über *anwesende behinderte oder verwirrte Personen sprechen, sondern* mit *ihnen.* Die Unsitte, über Menschen zu sprechen, als wären sie nicht da, obwohl sie im gleichen Raum anwesend sind, ist weit verbreitet, sowohl in Institutionen wie auch in Familien. Das geschieht nicht nur Kindern, sondern auch Erwachsenen gegenüber, besonders wenn sie behindert oder verwirrt sind, in der irrigen Meinung: »Sie verstehen das ja doch nicht.« Menschen, die sich nicht ausdrücken oder nicht hören können, haben meist ein sehr empfindliches Sensorium dafür, ob und in welcher Stimmung von ihnen die Rede ist. Wie negativ die ständige Erfahrung, gleichsam »nicht dazusein«, sich auf das Selbstwertgefühl und den Realitätsbezug der betroffenen Menschen auswirkt, läßt sich leicht nachvollziehen.

---

[10] Siehe in Kapitel 10: »Ein Kinderheim im Ruhrgebiet«.

auch im Umgang mit geistig behinderten, verwirrten oder psychisch kranken Menschen, fördert ihren Bezug zur Realität. Selbstverständlich dürfen sie nicht mit Ansprüchen überfordert werden, die auf ihre Einschränkungen keine Rücksicht nehmen. Das ist nicht gemeint mit »von der Normalsituation ausgehen«. Aber wir sollten nicht jede Schrulle, jede Eigenwilligkeit über den Kamm »Behinderung« scheren, sondern uns überlegen, ob es sich nicht einfach um eine persönliche Verhaltensvariante handeln könnte, die wir bei »Normalen« durchaus tolerieren würden.

Beispiel 15

Otto K. lebt in einer Wohngruppe für Erwachsene mit geistiger Behinderung, wo die Bewohner abwechselnd die verschiedenen Haushaltpflichten übernehmen, zum Beispiel die Zubereitung des Abendessens. Otto K. kann keine Salatsauce zubereiten. Der Betreuer versucht immer wieder, es ihm zu erklären, aber Otto schafft es nicht und greift zur Flasche mit der Fertigsauce. Der Betreuer ist betroffen über das Ausmaß von Otto K.s Behinderung, das diesen Lernschritt unmöglich macht.

Wahrscheinlich kann Otto K. tatsächlich aufgrund seiner Behinderung nicht begreifen, wie man eine Salatsauce macht. Andererseits gibt es auch »normale« Menschen, die Fertigsauce vorziehen, ohne daß man sie deswegen für behindert hält. Man könnte es durchaus auch so betrachten: Otto K. schätzt seine Fähigkeit, eine Salatsauce zuzubereiten, realistisch ein und reagiert angemessen, wenn er zum Hilfsmittel »Fertigsauce« greift.

Am Beispiel von Alice M. und ihrer Argentinienreise haben wir gesehen, wie schnell auch bei alten Menschen durchaus reale Aussagen als verwirrt abgetan werden, sobald sie vom Gewohnten abweichen. Bei psychisch Kranken besteht ebenfalls die Gefahr, jedes Verhalten, das aus dem üblichen Rahmen fällt, als Symptom zu betrachten.

Beispiel 16

Helga H. wird wegen eines Suizidversuches in eine psychiatrische Klinik eingeliefert. Nachdem die akute Krise überwunden ist, möchte sie – was von der Struktur dieser privaten Klinik her durchaus möglich wäre – während ihres Aufenthaltes Arabisch-Stunden nehmen und dafür auf eigene Kosten einen Lehrer kommen lassen. Das wird auf der Abteilung als abwegig, als Zeichen von Realitätsverlust, ja als psychotisches Symptom gewertet. Dem Wunsch der Patientin wird nicht entsprochen. Sie soll an den Aktivitäten teilnehmen, die von der Abteilung angeboten werden, um den Realitätsbezug zu fördern. Was Ärzte und Pflegepersonen nicht wissen (und was sich im Gespräch mit der Patientin leicht hätte feststellen lassen), ist, daß Helga H. schon seit längerer Zeit plant, ein Romanistikstudium aufzunehmen, und daß arabische Sprachkenntnisse eine zwar nicht unerläßliche, aber sehr nützliche Grundlage für ein vertieftes Verständnis der romanischen Sprachen sind. Unter diesem Gesichtspunkt war Helga H.s Wunsch durchaus nicht abwegig.

In *ihrem Lebenszusammenhang* war der Wunsch der Patientin realitätsbezogener, als es die Aktivitäten waren, welche von der Klinik angeboten wurden. Das wurde nicht erkannt und eine Chance verpaßt, während des Klinikaufenthaltes den *Bezug der Patientin zu ihrer Lebensrealität* zu unterstützen.

Selbstverständlich können Betreuerinnen unmöglich alle Zusammenhänge kennen, aber gerade deshalb sollten sie nicht sofort als Symptom werten, was sie nicht kennen, sondern zunächst einmal von der Normalität ausgehen und das Anliegen des anderen Menschen ernstnehmen. Wie real es in dessen Lebenszusammenhang ist, wird sich im Gespräch bald herausstellen, wenn sie einfühlend auf ihn eingehen. Dazu gehört auch, daß Bezugspersonen beim Naheliegenden bleiben.

Beim Naheliegenden bleiben

Gemeint ist damit: Nicht interpretieren, nicht aus der Behinderung oder der Störung heraus erklären und umdeuten, nicht bestreiten oder abwerten in der Meinung, es besser zu wissen, sondern zunächst einmal beim Naheliegenden bleiben, *genau bei dem, was der andere Mensch zum Ausdruck bringt.* Dazu ein Beispiel aus der Krankenpflege:

Beispiel 17
Ein Patient mit einem noch wenig bekannten Krankheitsbild ist für eine mehrwöchige Therapie im Krankenhaus angemeldet. Er hat sich jahrelang mit seiner Krankheit – die chronisch verläuft und mit starken Schmerzen verbunden ist – auseinandergesetzt und kennt sie sehr gut. Für das Personal hingegen ist sie relativ neu. Der Patient kommt mit klaren Vorstellungen, wie er behandelt werden möchte. Er bringt Bücher über seine Krankheit mit und hat Computerpläne für seine Behandlung ausgearbeitet.
Den Pflegenden geht das auf die Nerven. Sie beklagen sich über den Patienten, er sei mühsam, wolle immer etwas anderes, läute zehnmal am Tag. Ja, sie bezweifeln sogar, daß er wirklich so starke Schmerzen habe. Der Berater läßt sie erst einmal ihrem Unmut ausgiebig Luft machen und fragt dann: Wie erlebt der Patient seine Krankheit, wie hat er sie in seinen Alltag integriert? Das Pflegeteam hat keine Ahnung. Jetzt wird eine Bezugsperson für den Patienten bestimmt, die diese Fragen klären und die anderen dann orientieren soll. Das Gespräch mit dem Patienten eröffnet ganz neue Perspektiven. Plötzlich tritt der Mensch hinter dem »Fall« in Erscheinung und wird

ernstgenommen. Das ermöglicht dem Team, die Pflege so zu gestalten, daß sie dem Patienten entspricht, ihn weiterbringt und auf der anderen Seite auch für sie selber wesentlich befriedigender ist.

Dieser Umweg hätte vermieden werden können, wenn das Team zuerst einmal beim Naheliegenden geblieben wäre. Mit seinen Büchern und Behandlungsplänen signalisierte der Patient: Ich weiß viel über meine Krankheit und möchte bei der Behandlung mitreden. Darauf einzugehen, das Anliegen ernstzunehmen und sich dafür zu interessieren, hätte sehr rasch zu den Fragestellungen geführt, die für die Planung der Pflege wichtig sind: Wie erlebt der Patient seine Krankheit, wie geht er damit um, welches sind seine Ressourcen?

Das Beispiel (2) von Eva M. und dem Staubsauger hat gezeigt, wie notwendig es auch im Zusammenleben mit geistig behinderten Menschen ist, beim Naheliegenden zu bleiben. Bei »normalen« Menschen würde man auch zuerst nachschauen, ob der Staubsauger nicht in Ordnung ist, ehe man denkt, es liege an der Person. Erst wenn das Naheliegende keinen Sinn ergibt, sollten wir versuchen herauszufinden, welche verschlüsselte Botschaft sich dahinter verbergen könnte. Und auch dazu bestehen die besten Chancen dann, wenn wir ganz nahe bei dem bleiben, was der andere Mensch zum Ausdruck bringt, und mit ihm zusammen, Schritt für Schritt, auf die Suche gehen. In diesem Zusammenhang ist ein weiterer Grundsatz wichtig:

Sich nicht durch Vorwissen bestimmen lassen

Bezugspersonen sollten grundsätzlich nicht davon ausgehen, daß sie sicher wissen, wie jemand reagieren wird, auch wenn sie es hundertmal so erlebt haben. Es ist jederzeit möglich, daß Menschen sich plötzlich ganz anders verhalten, als die Bezugspersonen es gewohnt sind. Das hat sich bei Bernhard C. gezeigt (Beispiel 11). Selbstverständlich gibt es auch Situationen, in denen Kenntnisse der Lebensgeschichte und der Lebensgewohnheiten sehr hilfreich und nützlich sein können, wie wir noch sehen werden (Beispiel 32). Aber die Bezugspersonen sollten sich – und damit auch die Menschen, die sie betreuen – *nicht darauf festlegen*, sondern *stets offen bleiben für neue und unbekannte Seiten der Persönlichkeit.*

Erfahrungen ermöglichen und auf das Erleben eingehen

Das subjektive Erleben der betroffenen Menschen muß mit einbezogen werden, wenn es darum geht, angemessene Bedingungen für ihr Wohlergehen zu schaffen. Nur wenn Bezugspersonen aufmerksam dafür sind, wie etwas erlebt wird, können sie sinnvoll handeln. Schätzt es der alte Mann im Pflegeheim, wenn das Radio angestellt wird, oder reagiert er unwirsch auf das Gedudel? Wie ist das für die Patientin, wenn sie von einem Pfleger gewaschen wird? Mag Dora K., wenn die Betreuerin ihr über die Haare streicht, oder empfindet sie es als Zudringlichkeit? Hat es Franz Q. gern, wenn sein Rollstuhl an den Tisch geschoben wird, wo die anderen sitzen, oder bleibt er lieber für sich und schaut zum Fenster hinaus? Findet es Alice M. schön, wenn die Sonne auf ihr Bett scheint, oder blendet sie das helle Licht? Darauf müssen die Bezugspersonen achten; sie müssen versuchen – wo immer das möglich ist – einzuschränken, was als unangenehm, und auszubauen, was als angenehm erlebt wird.

Nicht immer können die Rahmenbedingungen so verändert werden, wie es wünschenswert wäre, aber es wirkt schon entlastend, wenn Wünsche und Ängste geäußert werden können und von den Bezugspersonen ernstgenommen und akzeptiert werden.

Beispiel 18
Eine Begleiterin, die Dora K. zum Spaziergang abholen will, findet die alte Frau weinend vor der Haustür des Pflegeheims. Im Gespräch stellt sich heraus, daß Dora K. Angst bekommt, wenn die anderen streiten. Sie möchte am liebsten davonlaufen und verschwinden. Von da an achten die Pflegerinnen vermehrt auf Dora K., wenn es laut wird auf der Abteilung. Sie sprechen ein paar Worte mit ihr oder nehmen sie beiseite. So fühlt sich Dora K. ihrer Angst weniger ausgeliefert.

Manchmal läßt sich jedoch ohne großen Aufwand etwas verändern, das als schlecht, bedrohlich oder beängstigend oder einfach als unangenehm erlebt wird. Das können ganz alltägliche Dinge sein:

Beispiel 19
Der 17jährige Oskar E., seit kurzem im Heim, weigert sich zu duschen. Die Erzieherinnen versuchen es mit Zureden, mit Druck – es hilft alles nichts. Er drückt sich, wo er kann. Es ist ein zermürbender Kampf, der immer mehr eskaliert. Bis der Berater auf die Idee kommt, die Erzieherinnen sollten ihm doch mal ein Bad anbieten. Das tun sie, sogar ein Schaumbad. Oskar findet das wunderbar, und von da an ist die Körperhygiene kein Problem mehr.

Es gibt keine objektive Begründung, warum Duschen unangenehm und Baden angenehm sein soll, das ist ganz allein Oskar E.s subjektive Empfindung. Sie einzubeziehen und ihm hin und wieder ein Bad zu ermöglichen, anstatt ihn zum Duschen zu zwingen, hat den Beteiligten manche unfruchtbare Auseinandersetzung erspart und viel dazu beigetragen, daß zwischen Oskar E. und den Erziehern eine gute Beziehung entstehen konnte.

In diesen Zusammenhang gehört auch, daß Menschen, wo immer es geht, ermöglicht werden sollte, *eigene Erfahrungen zu machen.* Das gilt wiederum besonders – aber durchaus nicht nur – für Menschen mit geistiger Behinderung. Es muß dabei keineswegs immer um ein so großes Anliegen gehen wie bei Paul W. und seinem Wunsch nach einem Einzelzimmer (Beispiel 10). Ganz einfache Dinge, die manchmal ohne nachzudenken rasch für andere erledigt werden, verbauen den Betroffenen die Möglichkeit, Erfahrungen zu machen und daraus zu lernen. Mit der behinderten Frau zusammen vor die Tür gehen und sie ausprobieren lassen, ob sie es mit der Jacke zu warm oder ohne Jacke zu kalt hat, nützt ihr mehr, als wenn einfach gesagt wird: »Zieh heute die warme Jacke an.« Das ist bei Kindern nicht anders.

Gewiß gibt es Grenzen und Situationen, in denen die Bezugspersonen die ihnen anvertrauten Menschen vor schlechten Erfahrungen schützen müssen. Aber in dieser Hinsicht wird eher zuviel als zuwenig getan. Anderen Menschen unter allen Umständen schlechte Erfahrungen ersparen zu wollen, kann sie auch um manche Chance einer guten Erfahrung bringen und verhindern, daß sie mit ihrer Realität leben lernen. Unbedingt notwendig ist aber, sie mit negativen Erfahrungen nicht allein zu lassen, sondern Anteilnahme zu zeigen und, wenn es geht, mit ihnen darüber zu sprechen und gemeinsam zu überlegen, was daraus gelernt werden könnte.

Über das Erleben lassen sich auch sogenannte »Ticks» oder »unerwünschte Verhaltensweisen« besser verstehen und eventuell Alternativen entwickeln.

Beispiel 20

Bernhard C. – er ist uns in Beispiel 11 schon begegnet – hat seit einiger Zeit die Gewohnheit, abends vor dem Schlafengehen seine Hände endlos unter das fließende Wasser zu halten. Immer muß ihn jemand mit Mühe dazu bringen, aufzuhören und das Wasser abzustellen. Von selber tut er es nicht. Vielleicht sollten sich die Bezugspersonen fragen, welche Erlebnisqualität dieses Verhalten für Bernhard haben könnte. Vielleicht ist es für ihn eine angenehme sinnliche Empfindung, das fließende Wasser an seinen Händen zu spüren? Vielleicht könnte man versuchen, ihm eine Wasserschale hinzustellen, in der er mit den Händen spielen kann? Oder vielleicht wäre eine Sanduhr eine Möglichkeit, seinen »Tick« auf einen annehmbaren Rahmen zu begrenzen?

Das sind nur zwei von vielen möglichen Ideen, wie mit diesem Verhalten umgegangen werden könnte. Vielleicht fruchtet keine von beiden, vielleicht muß weiter überlegt und etwas ganz anderes ausprobiert werden. Nach Möglichkeiten zu suchen, wie solche Verhaltensweisen über das Erleben besser verstanden und eventuell verändert oder in einen akzeptablen Rahmen gebracht werden könnten, ist in jedem Fall fruchtbarer, als einen aufreibenden – und meist nutzlosen – Kampf gegen sie zu führen. Selbst wenn keine großen Verhaltensänderungen erreicht werden: Das Bemühen, das Verhalten des Gegenübers aus dessen Erleben heraus zu begreifen, hilft, ihn besser zu verstehen. Und nicht zuletzt ist ein solches Vorgehen für die Betreuer wesentlich interessanter und befriedigender als die zermürbenden Versuche, den betreuten Personen unerwünschtes Verhalten abzugewöhnen, oder ihnen einzureden, es sei nicht so, wie sie es erleben.

Beispiel 21
Elvira H. und Fanny S., die beide im Altersheim leben, verstehen sich gut und sind viel zusammen. Eines Tages verliert Fanny S. ihren Schlüssel. Elvira H. regt sich furchtbar auf und gibt sich die Schuld daran, daß ihrer Freundin das passiert ist. Obschon sie gar nicht dabei war, kann sie sich nicht mehr beruhigen und sagt immer wieder: »Ich bin schuld, daß Fanny den Schlüssel verloren hat.« Die Betreuerin versucht, ihr das auszureden, aber es nützt nichts. Elvira H. fängt immer wieder von neuem damit an. Schließlich versucht es die Betreuerin an-

ders: »Sie sind traurig, daß Frau S. den Schlüssel verloren hat.« Elvira H. nickt und beruhigt sich bald.

Anstatt sie weiter überzeugen zu wollen, hat die Bezugsperson versucht zu verstehen, was in Elvira H. vorgeht. Diese fühlte sich jetzt offensichtlich verstanden und mußte ihre Selbstbeschuldigungen nicht länger wiederholen. Es ließen sich noch viele Beispiele dafür aufzählen, wieviel hilfreicher es ist, auf das Erleben einzugehen, als über Fakten zu streiten. Häufig sagen alte Menschen im Heim: »Ich gehe jetzt nach Hause«, oder »Ich will nach Hause«, und bekommen meistens zur Antwort: »Sie sind jetzt hier zu Hause.« Oft regen sie sich dann auf und widersprechen. Es beginnt ein zermürbendes Hin und Her, bis einer der beiden Gesprächspartner resigniert aufgibt. Viel sinnvoller ist es, wenn die Betreuerin versucht, das Erleben zu erfassen, das sich in dieser Aussage ausdrückt: »Sie haben Heimweh« oder »Sie denken viel an zu Hause« oder »Sie haben sich hier noch nicht so recht einleben können.«

Ermutigen

Behinderte Menschen erfahren im Laufe ihres Lebens viel Entmutigung. So manches, was sie gerne möchten, können sie nicht. Sie trauen sich nichts mehr zu, oder sie überschätzen sich und werden erneut entmutigt. Alte Menschen werden oft durch das Abnehmen ihrer Fähigkeiten verunsichert, verlieren den Mut und trauen sich manchmal nicht einmal mehr das zu, was sie eigentlich könnten.

Sicher kann diesen Gefühlen nicht mit wohlfeiler Aufmunterung begegnet werden, im Sinne von: »Es ist doch alles halb so schlimm.« Aber die Betreuer sollten aufmerksam auf jedes Zeichen von Hoffnung und Mut achten, es unterstützen und jemanden bestärken, wenn ihm etwas gelingt, auch wenn es noch so unscheinbar sein mag. Die kleinen Schritte dürfen im Alltag nicht untergehen, sie müssen beachtet und ermutigt werden.

Auf Jugendliche, die als verwahrlost oder verhaltensauffällig gelten, trifft dasselbe zu. Sie sind in ihrem Leben selten ermutigt, sondern immer und immer wieder mit ihrem Versagen konfrontiert worden. Ihr Selbstwertgefühl ist gering, auch wenn sie das häufig durch vordergründige Selbstüberschätzung verdecken. Es ist viel fruchtbarer, ihre Qualitäten aufzuspüren, als sich an ihrem Fehlverhalten festzuhaken und dabei aufzureiben.

Beispiel 22

Peter K. ist ein ganz schwieriger Jugendlicher, in sich abgekapselt, sehr sprunghaft. Er gibt kaum Antwort, und wenn, dann auf ganz verschrobene Weise. Er stiehlt den anderen die Autos, die sie sammeln, und macht sie kaputt. Im Heim für verhaltensauffällige Jugendliche weiß niemand etwas mit ihm anzufangen. Man traut ihm keinerlei Fähigkeiten zu, er wird als verwahrlost und nahezu lebensuntauglich angesehen. Bis eines Tages ein Erzieher seine handwerkliche Begabung entdeckt. Er beobachtet, wie geschickt Peter K. ein Auto wieder zusammensetzt, das er kaputtgemacht hat. Hier knüpft der Erzieher an und fragt: »Hast du Lust, mal zu helfen, etwas zu flicken?« Von da an wird er immer geholt, wenn es etwas zu reparieren gibt. Er bleibt fünf Jahre im Heim, am Schluß findet er eine Stelle als Baggerführer in einer Kiesgrube. Sein Verhalten ist immer noch schwierig, aber auf seinem Bagger hat er gute Chancen, durchs Leben zu kommen.

Es war ein entscheidender Schritt, als Peter K. merkte: es wurde zur Kenntnis genommen, daß er auch Fähigkeiten hatte. In der Wahrnehmung der Erzieher rückten seine Defizite in den Hintergrund, sie achteten vermehrt auf das, was da war: seine handwerkliche Geschicklichkeit und sein Interesse für Maschinen aller Art. Darin versuchten sie ihn zu fördern und zu ermutigen.

Peter K.'s Beispiel zeigt, wie förderlich ein weiterer Grundsatz ist:

Nicht ständig auf das »Symptom« starren

Bei »schwierigen« Menschen neigt das Umfeld dazu, sich unentwegt mit dem »Problemverhalten« zu beschäftigen und sich krampfhaft zu bemühen, es um jeden Preis auszumerzen. Dieses ständige Auf-das-»Symptom«-Starren bewirkt jedoch meist das Gegenteil: Die Person wird mehr und mehr auf dieses Verhalten reduziert, es bekommt immer mehr Gewicht und verdrängt mit der Zeit alles andere. Dadurch rückt das »Symptom« auch für den betroffenen Menschen selber immer mehr ins Zentrum und nach und nach identifiziert er sich damit. Das problematische Verhalten verstärkt sich, die Reaktionen des Umfelds ebenfalls – ein Teufelskreis, der es, je länger er andauert, immer unwahrscheinlicher macht, daß sich etwas verändern wird. Das läßt sich zum Beispiel bei Eßproblemen sehr häufig beobachten: Je ausschließlicher sich alles um die Veränderung des Eßverhaltens dreht, desto mehr wird dieses zum zentralen Problem und desto geringer sind die Chancen für eine Verbesserung.

Es ist unbedingt notwendig, den Kreis zu durchbrechen, über das Symptom hinauszublicken auf das, *was sonst noch da ist,* und die – vielleicht winzig kleinen – Ansätze aufzuspüren, die auf Veränderungsmöglichkeiten hindeuten. Manchmal lassen sich sogar in dem störenden Verhalten selbst solche Ansätze entdekken, wenn wir – anstatt es zu bekämpfen – versuchen zu verstehen, was darin zum Ausdruck kommt. »Problemverhalten« hat immer eine lange Geschichte (und dessen Bekämpfung meist eine ebenso lange). Deshalb können Veränderungen nicht rasch erzwungen werden. Sie brauchen Zeit: Der betroffene Mensch muß neue und andere Erfahrungen machen können, damit Veränderungen allmählich möglich werden.

Eigenständigkeit unterstützen

statt Selbständigkeit

Menschen, die weitgehend fremdbestimmt leben müssen, haben meist ein ausgeprägtes Bedürfnis nach Eigenständigkeit, auch wenn sie vordergründig zu Überanpassung neigen. Da für dieses Bedürfnis wenig Spielraum vorhanden ist, hakt es sich manchmal an Kleinigkeiten fest, die den Bezugspersonen völlig nebensächlich erscheinen, den betroffenen Menschen aber äußerst wichtig sind. Menschen mit geistiger Behinderung empfinden dieses Autonomiebedürfnis oft sehr diffus und bringen es durch widerspenstiges, für ihre Umgebung unverständliches Verhalten zum Ausdruck.

Beispiel 23
Anna E. zu wecken ist jeden Morgen ein Kampf, vor dem den Betreuern graut. Sie wehrt sich, schimpft, kommt trotz wiederholten Aufforderungen nicht zum Frühstück und muß schließlich fast mit Gewalt aus dem Bett geholt werden. Besonders bei neuen Betreuerinnen, deren Unsicherheit sie spürt, treibt sie diesen Kampf bis zum Exzeß. Ich schlage vor, es einmal mit einem Wecker zu versuchen – und siehe da: Anna E. steht problemlos auf und kommt rechtzeitig zum Frühstück. Der Wecker gibt ihr offenbar das Gefühl, aus eigener Initiative aufzustehen, und nicht, weil die Betreuerinnen sie dazu auffordern.

Ich gebrauche bewußt das Wort »Eigenständigkeit« anstelle von »Selbständigkeit«, weil das weitgehend anerkannte Postulat »Selbständigkeit fördern« meist sehr genaue Vorstellungen davon umfaßt, was die Klienten »selbständig« tun müßten. Erzieher reden im Zusammenhang mit Selbständigkeit davon, wie sie die Jugendlichen »dahin bringen« wollen. Da ist häufig nicht so klar, ob es mehr um die Bequemlichkeit der Erzieher oder um die Entwicklung des Jugendlichen geht. Auch im Umgang mit alten Menschen meint »Förderung der Selbständigkeit« oft vorwiegend, daß sie ganz bestimmte Verrichtungen selber erledigen sollen. Danach, ob das auch dem entspricht, was *sie* wollen, wird selten gefragt. So kann, was als Förderung von Selbständigkeit gedacht ist – unbeabsichtigt und sehr subtil –, nicht selten ins Gegenteil umschlagen: in Bevormundung. Eigenständigkeit bedeutet manchmal auch, sich *nicht* so zu verhalten, wie die Bezugspersonen es gerne hätten. Es gehört zu den paradoxen Anforderungen in sozialen Berufen, daß unter Umständen auch oder *gerade* solche Impulse unterstützt werden müssen. Sie sollten nicht als persönliche Kränkung aufgefaßt und bekämpft, sondern als eigenständige Regung begrüßt und – wo immer der Rahmen es zuläßt – unterstützt werden.

Eigenständig handeln kann für alte Menschen auch heißen, einmal den ganzen Tag im Bett liegenzubleiben. Eigenständig handeln kann für einen Menschen mit geistiger Behinderung bedeuten, einmal nicht am gemeinsamen Gruppenausflug teilzunehmen. *Eigenständig handeln heißt immer auch Verantwortung für sich übernehmen.* Diese Verantwortung sollte dem anderen Menschen, wo immer es geht, überlassen und zugetraut werden, auch wenn dieser sich dann nicht so verhält, wie die Bezugsperson es für richtig hält.

Beispiel 24
Ursina K. ist 96. Sie lebt im Pflegeheim, kann noch sehr klar denken und freut sich, daß sie noch gehen kann. Trotzdem äußert sie manchmal den Wunsch, bald zu sterben. Oft lehnt sie das Essen ab, weil sie einfach nicht mag. Regelmäßig wird sie von den Pflegenden ermahnt: »Wenn Sie nicht essen, können Sie bald nicht mehr gehen.« Sie wissen, wie wichtig es für Ursina K. ist, daß sie noch gehen kann, und hoffen, sie auf diese Weise zum Essen zu bewegen. Dabei gibt es Tage, an denen Ursina durchaus mit Appetit und Genuß ißt. Es besteht kein Grund, sie zu bevormunden und nicht zu respektieren, daß sie an manchen Tagen nicht essen mag.

In der Pubertät ist das Bedürfnis nach Eigenständigkeit besonders stark ausgeprägt. Daraus ergibt sich in Jugendheimen eine grundlegende Schwierigkeit: Die Jugendlichen sind in einer Entwicklungsphase, in der sie sowieso Mühe mit der Erwachsenenwelt und mit vorgegebenen Regeln haben, und müssen sich zusätzlich noch mit dem eingeschränkten Rahmen des Heimes auseinandersetzen. Es ist verständlich, daß ein Jugendlicher sich zunächst einmal wehrt, ganz gleich wogegen. Oft vermag er nicht zu erkennen, wo er überhaupt noch selber etwas entscheiden kann. Er braucht Zeit, um sich mit dem gegebenen Rahmen auseinanderzusetzen, darin herumzugehen, eventuell dagegen zu treten, auszuprobieren, ob er wirklich verbindlich ist. Erst dann kann er auch den Spielraum erkennen, der ihm bleibt. Es ist müßig und kontraproduktiv, diesen Prozeß als abwegiges Verhalten, böse Absicht oder Trotz zu interpretieren.

Hier die richtige Balance zu finden, ist nicht immer einfach: Einerseits brauchen die Jugendlichen klare Grenzen, andererseits ist es für ihre Entwicklung auch notwendig, sich den Erwachsenen zu widersetzen und eigene Wege zu suchen. Erzieher haben oft Mühe, Auflehnung als einen notwendigen und altersgemäßen Aspekt der Entwicklung zu begreifen. Sie fühlen sich persönlich gekränkt, weil sie erwarten, daß die Jugendlichen einsehen, warum sie im Heim sind und daß das für sie gut ist. Es fällt ihnen schwer, die Tatsache zu akzeptieren, daß kaum ein Jugendlicher gerne im Heim ist.

Oft manifestiert sich der Unabhängigkeitsdrang in extremen Frisuren oder in einer Art, sich zu kleiden, die mit den Normen der Erzieherinnen schlecht zu vereinbaren ist. Besonders die Haare spielen eine wichtige Rolle für das Identitäts- und Zugehörigkeitsgefühl der Jugendlichen, und sie reagieren in diesem Punkt äußerst empfindlich, wenn Erwachsene sich einmischen. Es ist wenig sinnvoll, wenn ein Erzieher einem Jugendlichen ein Ultimatum stellt: »Bis dann und dann sind die Haare geschnitten« oder »Die grüne Farbe muß weg, sonst gibt es keinen Ausgang.« Aber vielleicht ließe sich ein Kompromiß finden, zum Beispiel, daß die Haare wenigstens gewaschen werden. Grundsätzlich ist aber gerade ihr Aussehen ein Bereich, in welchem den Jugendlichen *Selbstverantwortung* zugetraut werden sollte. Sie werden ihre Erfahrungen damit machen, und letztlich ist es ihre ganz eigene Angelegenheit, ob und wem sie gefallen wollen. Oft geht es ihnen gerade darum, daß man sie gern hat, ohne daß sie gefallen müssen.

Zuweilen werden bestimmte Verhaltensweisen, die eigentlich individuelle Wahlen sind, bei Verhaltensauffälligen als Zeichen der Verwahrlosung, bei Behinderten als Ausdruck der Behinderung angesehen. Die Ordnung im Zimmer ist in dieser Hinsicht ein unerschöpfliches Thema. Die Vorstellungen von Ordnung und wie ein Zimmer aussehen soll, sind individuell sehr verschieden – auch bei den Betreuerinnen. Dieser individuelle Spielraum muß auch den Heimbewohnerinnen zugestanden werden, selbstverständlich in den Grenzen, die sich aus dem Zusammenleben oder aus den hygienischen Anforderungen ergeben. Innerhalb dieser Grenzen muß jedoch genügend Freiraum für eigenständiges Handeln bleiben. Eigenständigkeit fördern heißt auch:

Überschaubare Wahlmöglichkeiten geben

Wahlmöglichkeiten haben, selber entscheiden können, wirkt sich auf das Lebensgefühl aus: Es macht einen Unterschied, ob ein Mensch alles nur hinnehmen muß, oder ob er gewisse Dinge selber beeinflussen und verantworten kann, auch wenn es sich nur um kleine Dinge des Alltags handelt.

Es macht einen Unterschied für Franz Q.s Wohlbefinden im Altersheim, ob er am Morgen selber ein Brötchen aus dem Korb wählen kann oder ob ihm eines auf den Teller gelegt wird, ob er sich aus den vorhandenen Konfitüren diejenige aussuchen kann, auf die er heute Lust hat, oder ob ihm eine zugeteilt wird.

Es macht einen Unterschied, ob Alice M. mitentscheiden kann, wann sie die Nägel geschnitten oder die Haare gewaschen haben möchte, oder ob das allein von den Pflegepersonen bestimmt wird. Solche scheinbar belanglosen Details haben einen entscheidenden Einfluß auf die Lebensqualität von Menschen, deren Spielraum ohnehin sehr eingeschränkt ist. Es lohnt sich, diesen Details vermehrt Beachtung zu schenken.

Das Fehlen von Wahlmöglichkeiten kann jedoch auch ganz andere Dimensionen aufweisen und viel schwerwiegendere Auswirkungen haben:

Beispiel 25

In einem Heim für verhaltensauffällige Jugendliche ist die Teilnahme am feierlichen Weihnachtsessen mit Pfarrer und Ansprachen etc. obligatorisch. Diese Veranstaltung ist bei vielen Jugendlichen unbeliebt. Doch sie haben nur eine Wahl: entweder mitmachen oder »auf die Kurve« gehen, d. h. davonlaufen – und die entsprechenden Konsequenzen auf sich nehmen. Jedes Jahr zu Weihnachten gibt es mehrere Entweichungen.

Hier verschiedene sinnvolle Alternativen anzubieten, aus denen die Jugendlichen wählen können, zum Beispiel in kleinen Gruppen den Abend selber zu gestalten, eine Feier im Wald oder was immer, würde den Jugendlichen andere Auswege ermöglichen, als davonzulaufen. Entweichungen mit ihren negativen Konsequenzen sowohl für die Betroffenen wie für das ganze Heim zu vermeiden, ist zweifellos erstrebenswerter, als möglichst viele Bewohner, und sei es auch widerwillig, beim Weihnachtsessen dabei zu haben.

Selbst für sehr schwer behinderte Menschen, die nur ganz begrenzt eigenständig handeln können, lassen sich manchmal doch winzige Entscheidungsmöglichkeiten ausfindig machen, und sei es nur, daß sie – beispielsweise – ihre Kaffeetasse selber wählen können. Je eingeschränkter ein Mensch leben muß, desto anspruchsvoller die Herausforderung für die Betreuerinnen, herauszufinden, wo ihm dennoch ein winziges Stückchen Entscheidungsfreiheit eingeräumt werden kann. Auch wenn es noch so belanglos erscheinen mag: für das Wohlbefinden des betreffenden Menschen ist es von großer Bedeutung. Es ist auf ganz verschiedenen Ebenen und in unterschiedlichem Ausmaß möglich und notwendig, Wahlmöglichkeiten zur Verfügung zu stellen. Sie verbessern die Lebensqualität, fördern die Eigenständigkeit und stärken das Selbstwertgefühl. Auch hier muß ein angemessenes Gleichgewicht zwischen Rahmen und Spielraum gefunden werden. Wahlmöglichkeiten müssen *echte* Entscheidungsalternativen bieten. Sie dürfen die beteiligten Personen jedoch nicht überfordern, sondern müssen ihren persönlichen Möglichkeiten angepaßt und für sie *überschaubar* sein.

Beispiel 26

Der Betreuer möchte eine kleine Wohngruppe für Erwachsene mit geistigen Behinderungen anregen, den Feierabend nicht immer nur vor dem Fernseher zu verbringen, sondern hin und wieder etwas anderes zu unternehmen. Alle entsprechenden Vorstöße laufen ins Leere. Wenn er die Bewohner auffordert, Vorschläge zu machen, wie der Feierabend einmal anders gestaltet werden könnte, kommt nichts. Der Betreuer möchte aber auch nicht einfach ein Programm vorschreiben. Eine mögliche Lösung wäre, einen Abend festzulegen, an dem etwas anderes unternommen werden soll, und der Gruppe dafür zwei oder drei konkrete Vorschläge zu machen, aus denen sie wählen kann.

In diesem Beispiel sind die behinderten Menschen offenbar überfordert, weil der Entscheidungsspielraum zu groß ist. Sie brauchen Stützen, die ihn einschränken und überschaubar machen. Das führt uns zu einem weiteren wichtigen Prinzip in der Betreuungsarbeit:

Stützen für selbständiges Handeln anbieten

Anstatt es einfach dabei zu belassen, daß jemand etwas nicht kann, und es ihm abzunehmen, ist es sinnvoll, ihm Stützen zu geben, die ein gewisses Maß an selbständigem Handeln ermöglichen. Hanna U.s Geldkuverts sind ein solches Beispiel (5). Oder Anna E.s Wecker (23). Auch mit Hans M. (Beispiel 9) könnte ausprobiert werden, ob es ihm vielleicht gelingt, mit Hilfe einer Schüssel abzumessen, wieviel Karotten er ungefähr für den Salat braucht. Oder die Betreuerin kann anbieten, dem Jugendlichen beim Aufräumen zu helfen, und ihm verschiedene Möglichkeiten zeigen, aus denen er diejenige wählen kann, die ihm am besten entspricht. Sinn solcher Stützen ist es, den betreffenden Personen bei Aufgaben, die sie überfordern, Hilfestellung zu geben, anstatt sie damit allein zu lassen oder sie ihnen ganz abzunehmen. Auf diese Weise erfahren sie, daß sie trotz gewisser Einschränkungen manches selber können und nicht ständig nur versagen. Und die Betreuer sehen dadurch viel differenzierter, wo genau die Schwierigkeiten und Grenzen bei jedem einzelnen liegen, wo jemand eine Stütze benötigt und wo er sehr gut selbständig handeln kann.

Beispiel 27

Udo F., ein leicht geistig behinderter junger Mann, hat ein neues Zimmer bekommen. Da er recht selbständig ist, wird ihm das Einräumen seiner Sachen selber überlassen. Er macht das auch rasch und gut, nur am Schluß bleiben zwei große Schachteln übrig, die noch nach Wochen unausgepackt herumstehen. Auf Ermahnungen der Betreuer, die Schachteln endlich zu leeren und die Sachen in das Schränkchen zu räumen, reagiert Udo ausweichend. Später entdeckt der Betreuer, daß sich in den Schachteln große Modellschiffe befinden, die in das Schränkchen gar nicht hineinpassen, aber sehr wohl in das Gestell, das Udo schon mit anderen Dingen vollgeräumt hat.

Offensichtlich hat er einfach eine Schachtel nach der anderen ausgepackt und die Sachen eingeräumt, ohne zu überlegen, was wohin paßt. Jetzt müßte er einige Sachen aus dem Gestell in das Schränkchen umräumen, um Platz zu schaffen für die Schiffe. Diese Verbindung kann er offensichtlich nicht herstellen. Er ist überfordert und sieht nur, daß für die Schiffe nirgendwo mehr Platz ist. Der Betreuer überlegt deshalb, ob er dieses Umräumen für Udo erledigen soll.

Sinnvoller ist es hier, mit Udo zusammen Schritt für Schritt vorzugehen: ausprobieren, wo die Schiffe hinpassen. Ins Gestell. Also muß dort Platz gemacht und müssen Sachen weggeräumt werden. Wo könnten die hin? In das leere Schränkchen. So wird Udo an dem Vorgang beteiligt und angeregt, das Problem in kleinen Portionen anzugehen. Zudem erfährt der Betreuer auf diese Weise, *wo genau* Udo Schwierigkeiten hat, und kann ihm *da, wo er nicht weiterkommt,* eine Stütze anbieten. Die Lösung des Problems wird Udo nicht einfach abgenommen, sondern er kann selber dabei mitwirken. Das ist nicht nur für ihn, sondern auch für den Betreuer viel befriedigender, denn beide können dabei lernen.

In Altersheimen ist häufig zu beobachten, daß den Menschen das Essen hingestellt und, wenn sie es unberührt stehen lassen, wieder abgeräumt wird, oft noch mit dem Vorwurf: »Sie haben wieder nicht gegessen, Herr X.« Dabei wird übersehen, daß es alten Menschen in einem gewissen Stadium des Abbaus zwar durchaus noch möglich ist, die einzelnen Schritte zu machen – den Löffel in den Mund zu nehmen, zu schlucken etc. –, aber daß sie diese Schritte nicht mehr miteinander verknüpfen können und dabei Unterstützung brauchen: »Jetzt müssen Sie den Löffel nehmen«, »Und jetzt den Mund aufmachen«, etc. Der Einwand, daß das zuviel Zeit erfordere, rechtfertigt nicht Beispiele wie die folgenden, die eine Bekannte mit ihrer Mutter im Pflegeheim erlebt hat.

Beispiel 28

Der Pfleger stellt Elisabeth R. das Essen hin und wünscht guten Appetit. Als er abräumen will, ist das Essen unberührt. Der Pfleger: »Aber Frau R., mögen Sie denn wieder nicht essen?« Elisabeth R: »Mögen würde ich schon, wenn ich könnte.« Der Pfleger räumt ohne ein weiteres Wort das Essen ab.

Es wäre seine Pflicht gewesen herauszufinden, welche Stützen Elisabeth R. braucht, um essen zu können. Diagnostische Informationen (neurologische Abklärung), die Hinweise geben, wo genau Elisabeth R.s Schwierigkeit liegt, könnten dem Pfleger die Aufgabe erleichtern. Keinesfalls darf einfach hingenommen werden, daß sie nicht ißt, denn sie hat klar zu verstehen gegeben, daß sie essen möchte, aber nicht kann.

Bei anderen ist das wieder anders. Manche Menschen (wie Ursina K. in Beispiel 24) mögen im hohen Alter nur noch sehr wenig essen; auch das gehört zur Eigenständigkeit, die respektiert werden muß. Nötigen ist unsinnig und der Vorwurf: »Sie sollten aber essen!« fehl am Platz. Die Betreuerinnen müssen jedoch unterscheiden können, ob jemand nicht ißt, weil er keinen Appetit hat oder weil er den Ablauf nicht mehr bewältigt und Unterstützung braucht. Diese Aufmerksamkeit – nicht nur in bezug auf das Essen – fehlt oft im Umgang mit pflegebedürftigen Menschen.

Beispiel 29

Die Pflegerin droht Elisabeth R., die im Lehnstuhl sitzt: »Sie trinken nicht genug, Frau R. Wenn Sie nicht trinken, müssen Sie an die Infusion.« Die anwesende Tochter muß die Pflegerin darauf aufmerksam machen, daß der Trinkbecher auf dem Nachttisch steht – unerreichbar für Elisabeth R.

Oftmals sind Unkenntnis über den Verlauf der Demenz, aber auch Gedankenlosigkeit, Überforderung oder Zeitdruck die Ursache solcher für alte Menschen äußerst demütigenden Unachtsamkeiten, die ihre Hilflosigkeit unnötig verstärken. Es müssen dringend auf organistorischer Ebene Prioriäten anders gesetzt und Maßnahmen ergriffen werden, um Situationen wie die beschriebenen zu vermeiden. (Eine denkbare Möglichkeit wäre beispielsweise, freiwillige Helfer als Essensbegleiter zu mobilisieren.)

Klar informieren

auch oder gerade wenn es sich um etwas Unangenehmes handelt, ist eine Notwendigkeit, der sich Bezugspersonen nicht entziehen dürfen. Entscheidungen treffen und Wahlmöglichkeiten wahrnehmen, ist nur dann möglich, wenn *die Rahmenbedingungen klar sind.* Die Betreuerinnen müssen sich darüber zuerst einmal selber sehr genau im klaren sein, um sie auch den Menschen, die sie betreuen, deutlich machen zu können. Es muß für die beteiligten Personen durchschaubar sein, in welcher Situation sie sich befinden und was mit ihnen geschieht. Sie dürfen nicht überrumpelt oder überlistet werden, selbst wenn das im Augenblick als der einfachere Weg erscheint. Das Mißtrauen, das auf diese Weise entsteht, richtet weit mehr Schaden an als eine klare Information, auch wenn diese vielleicht zunächst Unruhe auslöst oder eine Abwehrreaktion hervorruft.

Der andere Mensch braucht Zeit: Zeit, um die Information richtig aufzunehmen, und Zeit für seine Reaktion. Die Gefühle, die dabei ausgelöst werden, müssen Platz haben und angenommen werden. Erst dann wird er sich auf die Situation einstellen können. Es ist ein Irrtum zu glauben, daß man sich diese Zeit nicht leisten könne. Meist handelt es sich nur um wenige Minuten, und zudem können auf diese Weise manche Kämpfe, Verweigerungen und Angstreaktionen vermieden werden, die weit mehr Zeit und Energie in Anspruch nehmen und sich zudem destruktiv auswirken.

Für manche Menschen – besonders wenn sie in irgendeiner Weise behindert sind – können schon ganz einfache Situationen, die nur wenig vom gewohnten Ablauf abweichen, undurchschaubar und beunruhigend sein. Das gilt noch viel mehr für Ereignisse, die ganz aus dem täglichen Rahmen fallen und die sie nicht einordnen können. Da kann ein klärendes Wort, das die Situation beschreibt, sehr erleichternd wirken.

Beispiel 30

Bernhard C. muß zum Zahnarzt. Da er große Angst hat, ist das bei ihm immer ein schwieriges Unterfangen, das zusätzlich erschwert wird durch eine sehr enge Kieferstellung. Zahnärztliche Eingriffe können nur unter Narkose gemacht werden, was noch mehr Angst auslöst. Obschon Bernhard C. praktisch nicht hören kann, erklärt ihm die neue Betreuerin am Abend zuvor ganz genau und in einfachen Worten, Schritt für Schritt, was am nächsten Tag geschehen wird. (»Wir fahren mit dem Auto in die Stadt. Wir gehen zu Dr. H., du bekommst eine Spritze, dann schläfst du,« etc.) Bernhard, der sonst immer sehr gereizt auf viel belanglosere Unterbrechungen seiner täglichen Routine reagiert, läßt am nächsten Tag die ganze Prozedur ruhig und ohne sich aufzuregen über sich ergehen.

Nicht immer ist damit zu rechnen, daß solche Mitteilungen gelassen aufgenommen werden. Sie können Angst, Ärger, Wut, Verunsicherung auslösen. Diese Gefühle müssen zum Ausdruck gebracht werden können. Es ist wichtig, daß die Betreuer solche Reaktionen nicht abblocken oder beschwichtigen, sondern sie zulassen und verständnisvoll aufnehmen, zugleich aber auch klarstellen, daß an der mitgeteilten Tatsache nichts zu ändern ist.

Es ist manchmal nicht leicht, die Gefühle der anderen anzunehmen und zugleich etwas durchzusetzen. Das erleben wir auch in der Kindererziehung oder überhaupt in Situationen, in denen wir von anderen Menschen etwas verlangen oder verlangen müssen, was diese nicht unbedingt gerne tun. »Negative« Reaktionen, wie Wut, Ärger und Enttäuschung, können wir schlecht ertragen. Wir möchten, daß unsere Forderungen *gerne* erfüllt werden, und senden – bewußt oder unbewußt – entsprechende Signale aus. So werden Menschen darin bestärkt oder dazu erzogen, nicht zu ihren Gefühlen zu stehen, sie nicht zu zeigen, sie vielleicht gar nicht wahrzunehmen oder nur mit schlechtem Gewissen, und sie dann zu unterdrücken, zu rationalisieren oder zu verdrängen. Deshalb ist es so wichtig, zwar den Rahmen nicht aus den Augen zu verlieren, aber dennoch auf die Gefühle einzugehen und sie ernstzunehmen.

Konkret bleiben

Neben dem Eingehen auf die Gefühle und Stimmungen des Gegenübers darf eine andere Ebene nicht übersehen werden: Welche *konkreten* Anliegen stehen hinter dem Wunsch oder der Beschwerde des Betroffenen? Besonders bei großen, an sich nicht erfüllbaren Wünschen und grundsätzlichen Klagen über Gegebenheiten, die nicht zu ändern sind, ist es sinnvoll, mit den betroffenen Personen zusammen genauer herauszufinden, was sie konkret meinen, was genau sie stört oder ihnen fehlt. Oft können konkrete Einzelaspekte durchaus berücksichtigt werden, was dann zu einer Verbesserung oder Erleichterung führt, auch wenn sich die Situation als solche nicht verändern läßt.

Was verbindet sich für Hugo H. mit dem Wunsch: »Ich will wieder nach Hause«? Sicher drücken sich darin die Gefühle aus, die der Umzug ins Altersheim und die Veränderung in seinem Leben bei ihm auslösten – Heimweh, Trauer, Wehmut oder auch Zorn –, und es ist wichtig, diese Gefühle ernst zu nehmen und zu akzeptieren. Aber darüber hinaus gibt es vielleicht noch ganz konkrete Einzelheiten, die er vermißt oder die ihn belasten, Dinge, die ohne große Mühe verändert werden könnten, um sein Leben im Altersheim erfreulicher zu gestalten. Was für ein Anliegen steckt hinter dem Wunsch der geistig behinderten Ruth F.: »Ich möchte anderswo wohnen«? Und was bedrückt ihren Mitbewohner Hans W. konkret, wenn er kategorisch erklärt: »Ich will eine andere Stelle, mir gefällt es in der Werkstatt nicht mehr«? Dabei geht es vielleicht nicht nur um eine grundsätzliche Unzufriedenheit, sondern auch um kleine, konkrete Dinge, die durchaus veränderbar wären. Erst wenn das sorgfältig abgeklärt ist, kann Abhilfe geschaffen und können sinnvolle Lösungen gesucht werden. Vielleicht ist es Ruth F. in ihrer Wohngruppe zu laut und sie braucht eine Rückzugsmöglichkeit. Hans W. verträgt sich möglicherweise schlecht mit seinem Nebenmann in der Werkstatt, und es wäre ihm schon geholfen, wenn er den Platz wechseln könnte. Konkret bleiben bedeutet, »unmögliche« Wünsche nicht einfach abzuwehren, sondern ernst zu nehmen und auf Teil-Lösungen hin zu überprüfen. Das bringt an sich schon eine gewisse Entlastung für die betroffenen Menschen und eröffnet zugleich Perspektiven, wie die dahinterstehenden konkreten Anliegen in anderer Weise oder zumindest in einzelnen Aspekten berücksichtigt werden könnten.

Auch bei ganz einfachen Anliegen im Alltag lassen sich manche Umwege, Umtriebe und Enttäuschungen vermeiden, wenn es den Betreuerinnen gelingt, zum Konkreten zu finden.

Beispiel 31

Eine Wohngruppe für Erwachsene mit geistiger Behinderung wird neu eingerichtet. Die Bewohnerinnen haben die Möbel selber auswählen können, der Einkauf ist getätigt, und jetzt sind alle mit dem Einrichten ihrer Zimmer beschäftigt. Plötzlich rastet Maria D. aus und zetert, weil die anderen einen Schreibtisch haben und sie nicht. Sie will jetzt ganz dringend sofort einen Schreibtisch, obschon sie vorher immer ausdrücklich keinen haben wollte, wenn sie danach gefragt wurde. Um dem Wirbel ein Ende zu machen, weil ihr der Schreibtisch an sich zusteht und zudem der Transporter noch zur Verfügung ist, fahren die Betreuer mit Maria noch einmal zum Möbelgeschäft und kaufen das Möbelstück. Nach einer Woche stellen sie fest, daß es von Maria nie benutzt wird und immer noch leersteht. Es stellt sich heraus, daß Maria D. ein Möbel braucht, um ihre Plüschtiere aufzustellen. Dafür ist der Schreibtisch nicht geeignet. Aber das konnte sie sich nicht so genau vorstellen. Sie merkte nur, daß sie keinen Platz für ihre Plüschtiere hatte, sah, daß die anderen einen Schreibtisch hatten, und wollte auch einen.

Hier wäre es besser gewesen, nicht gleich loszufahren und Marias Wunsch zu erfüllen, sondern erst einmal in Erfahrung zu bringen: Was stellt sie sich *konkret* vor? Wofür will sie den Schreibtisch benutzen? Und dann gemeinsam mit ihr zu überlegen, welches Möbelstück dafür geeignet wäre. Auf diese Weise hätte Maria D.s Wunsch sinnvoller entsprochen werden und sie hätte zudem dabei etwas lernen können.

Das Suchen nach dem Konkreten hat durchaus auch einen entwicklungsfördernden Aspekt. Es ist ja nicht so, daß den betroffenen Personen ihre Anliegen immer deutlich bewußt wären und sie sie lediglich verschweigen würden. Oft wird ihnen erst klar, worum es ihnen konkret geht, wenn die Betreuerinnen genauer nachfragen und ihnen dabei helfen, es herauszufinden.

Mit einfühlender Phantasie läßt sich selbst bei Menschen, die nicht sprechen können, manches über ihre konkreten Anliegen in Erfahrung bringen, indem handelnd verschiedene Möglichkeiten angeboten werden, auf die der andere reagieren kann. Aus diesen Reaktionen kann der Betreuer auf seine tatsächlichen Anliegen schließen, sofern es ihm gelingt, sich bis zu einem gewissen Grad in seine »Sprache« einzufühlen.

Die »Sprache« des Gegenübers finden

ist eine wichtige Voraussetzung, um mit ihm in Kontakt zu kommen. Es genügt nicht, daß Betreuer die Sprache derjenigen, die sie betreuen, *verstehen*, sie müssen sich auch *so ausdrücken, daß sie von ihnen verstanden werden.*

Manchmal ist es den Betreuerinnen gar nicht bewußt, wie stark ihre Sprache von einem Berufsjargon geprägt ist, den sie in der Ausbildung mitbekommen haben, der aber weit entfernt ist von der Ausdrucksweise der Menschen, mit denen sie es zu tun haben. Allerdings wird diese Sprache von den Betroffenen erschreckend oft übernommen. Vor allem Patienten mit langer Psychiatrieerfahrung sprechen von sich selbst häufig in perfekten psychopathologischen Begriffen, die jedoch gar nichts mit ihrem Erleben zu tun haben.

Es geht nicht nur um das Vermeiden von Berufsjargon, sondern vor allem darum, eine Sprache zu finden, die der andere Mensch versteht und die seinem Erleben nahe ist. Die Sprache des Gegenübers finden – und mit *»Sprache« ist hier nicht nur die verbale, sondern die gesamte Ausdrucksweise eines Menschen* gemeint –, heißt: anschaulich machen, sichtbar machen, Dinge so darstellen, daß sie für den anderen Menschen begreiflich und nachvollziehbar werden. Im einen Fall mag es angebracht sein, Bilder zu gebrauchen, im anderen Fall sind logische Erklärungen am Platz. Nicht immer geht es nur um die »richtigen Worte«, sondern oft auch um die »richtigen Gesten«. Die Sprache des anderen finden, kann auch heißen: ihn an der Hand nehmen und etwas mit ihm zusammen machen.

Andererseits dürfen Hilflosigkeit oder Sprachlosigkeit der anderen Person nicht dazu verleiten, ihre Aufnahmefähigkeit für Sprache zu unterschätzen. Eine Therapeutin bemerkte bei einer schwerstbehinderten Frau, die nicht sprechen konnte, daß sie durchaus auf Sprache reagierte, z.B. das Gesicht verzog, wenn sie sagte: »Ich muß jetzt gehen«, oder lächelte, wenn sie ihr versprach: »Morgen komme ich wieder.« Wir wissen nicht, *was* die Frau aufnehmen konnte. War es der Tonfall, die Gefühlsqualität des Gesagten, oder konnte sie tatsächlich zeitweise – sie reagierte nicht immer – Worte verstehen? Wie dem auch sei, *etwas* erreichte sie *manchmal*. Das macht deutlich, *daß es sinnvoll ist, mit sprachlosen Menschen zu sprechen, denn es besteht eine Chance, daß sie etwas davon aufnehmen* – und selbst wenn das nicht immer der Fall ist: es wäre ein Versäumnis, diese Chance nicht wahrzunehmen.

Auch mit alten Menschen, die körperlich und geistig stark eingeschränkt sind, die sich nicht mehr ausdrücken und scheinbar nichts verstehen können, müssen wir so sprechen, daß die Achtung vor ihrer Menschenwürde gewahrt bleibt. Daß heute noch in manchen Altersheimen die Bewohner mit »Oma« und »Opa« angesprochen und geduzt werden, ist schlicht ein Skandal, der durch nichts zu rechtfertigen ist. In diesen Zusammenhang gehört es auch, wenn *über* anwesende Personen gesprochen wird, anstatt *mit* ihnen.

Wie schmerzlich und demütigend es sein kann, wenn mit Patienten geredet wird, als seien sie keine erwachsenen Menschen, habe ich mit einer Freundin erlebt, welche die letzten Jahre vor ihrem frühen Tod im Pflegeheim verbringen mußte.

Beispiel 32

Nina G. leidet an multipler Sklerose. Die Krankheit ist so weit fortgeschritten, daß sie sich nicht nur nicht mehr bewegen, sondern auch nicht mehr sprechen kann. Es bleibt ihr praktisch keine Ausdrucksmöglichkeit. Dennoch sehe ich bei meinen Besuchen an ihren Augen, daß sie differenziert aufnimmt, was ich ihr erzähle, und sich freut, wenn Themen berührt werden, für die sie sich schon immer interessiert hat. Sie ist eine hochgebildete Frau, die vor ihrer Erkrankung als Kunstkritikerin tätig war. Es tut weh, mit anzuhören, wie die Pflegepersonen in einfältiger Babysprache mit ihr reden. Und ich sehe es an Ninas Augen, daß sie das Demütigende der Situation durchaus empfindet.

In solchen Fällen können Kenntnisse der Lebensgeschichte dazu beitragen, den richtigen Ton zu finden, auch bei Menschen, die sich nicht mehr ausdrücken können. Der wichtigste Zugang zur Sprache des Gegenübers bleibt jedoch das *Zuhören mit allen Sinnen,* das zu Anfang dieses Kapitels als eine der Grundlagen personzentrierten Arbeitens beschrieben wurde.

Den eigenen Anteil erkennen

Damit sind hier nicht komplexe, durch die eigene Persönlichkeit oder Problematik bedingte Aspekte gemeint, die sich in der Arbeit auswirken – auf dieses für Betreuer zweifellos zentrale Thema wird in Kapitel 6 näher eingegangen. Im Rahmen dieser Richtlinien für den Alltag geht es ganz pragmatisch um die Handlungsebene und um die einfache Tatsache, daß jeweils alle beteiligten Personen, also auch die Betreuerinnen, ihren Teil zu einer Situation beitragen. Diesen eigenen Anteil deutlich zu sehen, ist ganz entscheidend, nicht um der Einsicht willen, »etwas falsch gemacht zu haben« oder »schuld zu sein«, sondern um andere Handlungsmöglichkeiten erkennen und ausprobieren zu können. Oft ist das in einer verfahrenen Situation der einzige Ansatzpunkt, um konkret etwas zu verändern, und es führt im allgemeinen weiter als der – meist vergebliche – Versuch, das Verhalten des anderen zu ändern. Dies gilt besonders für schwierige Situationen, die eskalieren oder die sich immer wieder in ähnlicher Weise wiederholen.

Die Frage »Was kann *ich* an dieser Situation ändern?« führt in jedem Fall dazu, Hilflosigkeit und Ohnmacht überwinden und handeln zu können. *Etwas* läßt sich am eigenen Verhalten immer ändern. Auch hier hilft es, *konkret zu bleiben,* Ansatzpunkte zu suchen, um eine Situation zu entspannen oder eine Eskalation zu vermeiden: Wie hat der Streit angefangen? Was genau habe ich gesagt? Worauf reagierte der andere so wütend? Was habe ich gemacht, als er anfing zu schreien? usw. Oft haben auch äußere Bedingungen einen Einfluß: Waren wir allein, oder war noch jemand dabei? War die Tür offen oder zu? War es lärmig? usw. Ganz banale Details können Hinweise geben, wie die Betreuerin die Situation *etwas* verändern und dadurch dem Gegenüber eine Chance geben kann, sich ebenfalls *etwas anders* zu verhalten.

Es wird sich zum Beispiel ganz unterschiedlich auswirken, ob die Bezugsperson dem gelähmten, sprachlosen Mann, den sie füttern muß und der sich dagegen wehrt, den gefüllten Löffel zwischen die Lippen zu stopfen versucht oder ob sie ihm zuerst eine Chance gibt, den Mund aufzumachen, und erst dann den Löffel in die Hand nimmt. Bei dem einen mag dieses, bei der anderen etwas anderes angemessen sein, es lohnt sich in jedem Fall, verschiedene Möglichkeiten auszuprobieren. Und selbst wenn es dem betroffenen Menschen oft nicht möglich ist, diese kleine Chance zur Veränderung wahrzunehmen, so ist schon viel gewonnen, wenn durch eine Veränderung seines Handelns die Situation *für den Betreuer selber erträglicher* wird. Auch das trägt zur Entspannung bei und kann Wege öffnen zu weiteren Verbesserungen, die allen Beteiligten zugute kommen.

Die Situation ansprechen

Abschließend sei hier noch auf ein methodisches Mittel hingewiesen, das auf ganz verschiedene Weise in nahezu allen bisher angesprochenen Bereichen hilfreich sein kann.

Auf der Ebene der Gefühle und Empfindungen wird – wie wir gesehen haben – das Ansprechen der Situation genutzt, um auf das Erleben der Gesprächspartner einzugehen oder es ihnen näherzubringen, zum Beispiel: »Du magst es nicht gern, wenn deine Hände naß werden.« »Sie sind traurig, daß heute kein Besuch kommt.« Auf der Ebene der Tatsachen kann es den beteiligten Menschen helfen, die jeweilige Situation besser zu durchschauen, zum Beispiel: »Es ist sehr lärmig hier, weil der Schreiner die Türe repariert.« »Hans wird mit dem Auto abgeholt, weil er zum Doktor muß.«

Durch Ansprechen lassen sich aber auch verfahrene Situationen auf eine andere Ebene bringen, von wo aus vielleicht eher ein Lösungsschritt möglich wird. Vor allem, wenn

- Gespräche sich im Kreise drehen,
- Machtkämpfe im Gange sind,
- Aggressivität eskaliert,

ist das Ansprechen der Situation geeignet, den Teufelskreis zu durchbrechen. Zum Beispiel: »Wir reden jetzt sehr laut«, »Ich sage, du mußt heute die Haare waschen, und du sagst nein«, »Sie haben nicht gern, wenn es draußen so laut ist«, »Du möchtest am liebsten auf mich losgehen«, »Du bist wütend, und ich bin ungeduldig«, »Es stört Sie, daß jetzt schon das Essen kommt«, usw. Dieses Ansprechen der Situation unterbricht die Spannung, die Situation wird einfach einmal festgestellt und vorerst so hingenommen, wie sie ist.

Dabei geht es keinesfalls um eine mechanisch anwendbare »Technik des Spiegelns«, als welche Reflektieren leider häufig mißverstanden wird. Das Ansprechen der Situation muß auf Kongruenz und auf Einfühlung in die Befindlichkeit des Gegenübers beruhen. Es gibt auch Momente, in denen es nicht angebracht ist und der andere einfach in Ruhe gelassen werden muß. Auch das wird erst möglich, wenn der Betreuer den Kreis durchbricht, einen Augenblick innehält und für sich die Situation reflektiert.

Das Ansprechen der Situation muß getragen sein von dem Wunsch, den anderen zu verstehen und zu akzeptieren und ihm das zu vermitteln. Entscheidend ist auch hier die Haltung, die dahintersteht: Es geht nicht darum, den anderen bloßzustellen oder ihm einen Vorwurf zu machen, sondern um das Verstehen und Klären der Situation. Wenn das spürbar wird, ist eine Voraussetzung gegeben, die Veränderung möglich werden läßt. Auf jeden Fall aber entsteht so eine Atempause, die es der Bezugsperson erlaubt, einen Schritt Abstand zu nehmen, aus dem Teufelskreis herauszutreten, die Situation nicht mehr weiter eskalieren zu lassen und so *zumindest den eigenen Anteil an dem Kreislauf zu verändern.*

Das Ansprechen der Situation kann durchaus auch bei sprachlosen Menschen angezeigt sein: Es hilft der Betreuerin, die Situation für sich zu klären und zu durchbrechen – und das kann unter Umständen auch für das Gegenüber, dem die Sprache nicht zur Verfügung steht, irgendwie spürbar werden.

Weiterentwickelt und ausdifferenziert zu einer Methode, Kontakt aufzunehmen mit schwerst behinderten Menschen, die als nicht kontaktfähig gelten, findet sich dieses Prinzip in Garry Proutys Prä-Therapie wieder, die in Kapitel 9 vorgestellt wird.

Handlungsgrundlagen und Richtlinien für den Alltag sind sowohl für den einzelnen Mitarbeiter wie auch in Teambesprechungen ein hilfreicher Leitfaden, um herauszufinden, wo das Problem liegen könnte und wo etwas verändert werden müßte.[11]

---

[11] Siehe Seite 31 und 50

5 Besondere Aspekte in der Betreuung von Menschen mit geistiger Behinderung

In der Arbeit mit geistig behinderten Menschen sind im Zusammenhang mit den im vorigen Kapitel besprochenen Richtlinien für den Alltag noch einige besondere Aspekte zu beachten.

Erleben nahebringen

Der Zugang zum eigenen Erleben fällt Menschen mit geistiger Behinderung in der Regel sehr schwer und *muß bei manchen überhaupt erst angeregt werden.* In der Erziehung geistig behinderter Kinder wird im allgemeinen – wenn auch unabsichtlich – mehr die Inkongruenz als die Kongruenz gefördert. Sie werden im Lauf ihrer Entwicklung selten dazu ermuntert, ihren Gefühlen zu trauen, weil diese sich häufig auf bizarre, für die Umwelt unverständliche Weise ausdrücken. In der Regel bemühen sich die Bezugspersonen wenig darum, die Bedeutung dieser seltsamen Verhaltensweisen zu verstehen, sondern verwenden sehr viel Energie darauf, sie den Kindern abzugewöhnen.

So lernen Menschen mit geistiger Behinderung mehr als andere, ihre Gefühle zu unterdrücken oder gar nicht wahrzunehmen. Da dies – auch das wissen wir alle – nur bis zu einem gewissen Grade möglich ist, brechen die aufgestauten Emotionen von Zeit zu Zeit um so heftiger und inadäquater hervor. Der behinderte Mensch wird von diesen Ausbrüchen überfallen, er kann damit nicht umgehen, sie machen ihm Angst, die Bezugspersonen reagieren mit noch mehr Strenge, er fühlt sich schuldig – und der Teufelskreis ist geschlossen.

Während Menschen mit schwerer geistiger Behinderung im allgemeinen ihre Emotionen – wenn auch in befremdlicher Form

– eher zum Ausdruck bringen, macht das leichter behinderten Menschen viel mehr Mühe. Der Wunsch, »nicht behindert« zu erscheinen, spielt hier eine unheilvolle Rolle. Unheilvoll deshalb, weil er zu einer Überanpassung führt, welche die Betroffenen weitgehend von ihrem emotionalen Erleben abschneidet. Vor lauter Angst, behindert zu wirken, zeigen sie nur »positive«, angepaßte Gefühle. Auf keinen Fall wollen sie zugeben, daß sie etwas bedrückt, daß sie verärgert oder wütend sind, denn sie befürchten, solche Gefühle könnten als unangemessen betrachtet und als »nicht normal« abgestempelt werden. Und meist wird dieses Verhalten durch die Umgebung – absichtlich oder unabsichtlich – noch verstärkt. Angepaßte, »normal« wirkende Behinderte machen weniger Mühe und sind »pflegeleichter« als solche, die rebellieren und ihren Gefühlen Luft machen – meist, indem sie sich in unverständlicher Weise auffällig benehmen. Dabei wird übersehen, daß das scheinbar so »normale« Verhalten oft einen hohen Preis hat: Emotionen werden nicht wahrgenommen, und das ohnehin nicht sonderlich stark ausgeprägte Ich-Gefühl wird dadurch noch mehr geschwächt.

Beispiel 33

Irene B., eine sechzigjährige Frau mit geistiger Behinderung, drückt ihre Gefühle hauptsächlich indirekt aus, indem sie andere anschuldigt. Es hat Jahre gebraucht, bis sie sagen konnte: »Es macht mich wütend, wenn mein Vetter mit mir redet wie mit einem kleinen Kind.« Vorher hatte sie nur immer kritisiert, daß der Vetter nicht den Dialekt der Gegend spräche, aus der er stammte, sondern den seiner Frau angenommen hätte – die Sprache aus Irenes Kindheit, die sie nicht mag und die sie nicht mehr sprechen will, seit ihre Mutter gestorben ist und sie selber in einer anderen Stadt wohnt.

Irene B. hat den Zorn über den Vetter nicht als ihr eigenes subjektives Gefühl anerkennen können, sondern mußte bei ihm ein scheinbar »objektives Fehlverhalten« suchen, um ihre Kritik vor sich selber zu rechtfertigen. Solchen Verschiebungen begegnen wir häufig, nicht nur bei Menschen mit geistiger Behinderung. Wenn wir uns die Theorie vom Selbstkonzept vor Augen halten, können wir ermessen, was dieses Abspalten von Gefühlen und Erfahrungen für die Entwicklung der Persönlichkeit bedeutet. Keinen oder nur wenig Zugang zu den eigenen Emotionen zu haben, ist eine der Hauptursachen für psychische Störungen und Schwierigkeiten in der Lebensbewältigung.

Menschen mit geistiger Behinderung mißtrauen ihrem eigenen Erleben, weil sie immer wieder die Erfahrung machen, daß die Umwelt es nicht nachvollziehen kann und als unangemessen oder realitätsfern abtut. Das kann so weit gehen, daß sie gar nicht mehr richtig wahrnehmen, wie sie etwas erleben und empfinden, sondern auf Gemeinplätze zurückgreifen oder auf das, was sie von anderen hören.

Beispiel 34

Wenn ich Irene B. frage, ob ihr die neue Arbeit in der Werkstatt gefalle, sagt sie: »Ich bin immer fleißig.« Oder, als es darum ging, ob sie – altershalber – aufhören oder noch teilweise weiterarbeiten wolle: »In der Werkstatt sind sie immer noch dankbar für meine Hilfe.«

Da kann ich nur immer wieder behutsam versuchen, ihr das eigene Erleben nahezubringen: »Du hast dich gefreut«, »Das gefällt dir nicht so gut«, »Jetzt wird es dir zuviel«, in der Hoffnung, daß sich ihr diese Dimension allmählich etwas mehr erschließt, vor allem aber, um ihre Distanz zu den eigenen Gefühlen und Empfindungen nicht noch mehr zu verstärken.

Auch ganz banale Situationen im Alltag können genutzt werden, um auf Erlebensqualitäten aufmerksam zu machen – und auch darauf, daß sie nicht für alle gleich sind: »Du magst den Regen nicht, Anna freut sich über den Regen«, »Du erschrickst, wenn Eva so laut lacht«, »Du hast es nicht gern, wenn der Staubsauger brummt, Markus hat Spaß daran«, usw.

Ein entscheidender Faktor ist, wie die Bezugspersonen mit ihren eigenen Gefühlen umgehen. Das hat Vorbildcharakter und hilft den behinderten Menschen, auch ihre Gefühle besser wahrzunehmen und auszudrücken. Vor allem gilt das für sogenannte »negative« Gefühle wie Zorn, Wut, Ärger, Überdruß etc. Es ist wichtig für Menschen mit geistiger Behinderung, zu erfahren, daß auch Betreuer manchmal wütend oder niedergeschlagen oder traurig sind und daß sie zu diesen Gefühlen stehen. Das macht es ihnen leichter, solche Gefühle auch bei sich selber zuzulassen. Selbstverständlich muß das in einer konstruktiven Weise geschehen. Betreuerinnen dürfen ihre Gefühle nicht benutzen, um Druck auszuüben oder Schuldgefühle zu wecken, sondern sollten den behinderten Menschen mit dem eigenen Beispiel vorleben, daß solche Gefühle dazugehören, daß sie ausgedrückt werden dürfen, und daß es möglich ist, mit ihnen zu leben, ohne sich von ihnen überwältigen zu lassen.

Menschen mit geistiger Behinderung haben im allgemeinen große Schwierigkeiten, »negative« Gefühle zuzulassen, und werden von Schuldgefühlen geplagt, wenn diese dann doch ausbrechen.

Beispiel 35

Armin L. erzählt mir von einem heftigen Streit, den er am Nachmittag mit der Werkstattleiterin gehabt hat. Er klagt sich bitter an, daß er die Dinge »nicht so sagen kann, daß man mich versteht«. Als ich ihn frage, ob er sich geärgert habe über Frau H., die ihn nicht verstanden hat, schaut er mich erschrokken an: »So etwas darf man doch nicht denken.« In einer anderen Stunde äußert er, daß er Angst habe, in den bevorstehenden Ferien »auszurasten«, weil das in den letzten Ferien auch passiert sei. Die Ferien seien ihm verleidet gewesen, er habe sich nicht mehr wohl gefühlt, habe heimgewollt. »Ich muß mir diesmal ganz fest vornehmen: immer fröhlich sein«, erklärt er energisch. Behutsam versuche ich ihm nahezubringen, daß es nicht möglich ist, immer nur fröhlich zu sein, und daß es vielleicht besser wäre, den Betreuern zu sagen, wenn er Heimweh hat oder wenn ihn etwas bedrückt, anstatt es herunterzuschlucken und dann vielleicht gerade deshalb »auszurasten«.

Dieses Beispiel zeigt wieder einmal auf eindrückliche Weise, wie notwendig es ist, daß die Bezugspersonen einfühlend auf solche Stimmungen und Gefühle achten und sie akzeptieren. Das fällt ihnen oft schwer, weil sie sich dafür einsetzen und verantwortlich fühlen, daß es den ihnen anvertrauten Menschen gutgeht – eine Verantwortung, die sie überfordert. Denn auch bei bester Fürsorge läßt sich nicht vermeiden, daß jemand sich nicht wohl fühlt, daß er traurig oder verstimmt ist. Es hilft nicht nur der betroffenen Person, wenn die Betreuer das wahrnehmen und darauf eingehen, sondern trägt auch dazu bei, Eskalationen und dramatische Ausbrüche zu vermeiden, die für alle Anwesenden unerfreulich und oft auch beängstigend sind. Und zudem lernen behinderte Menschen auf diese Weise, ihre Gefühle besser wahrzunehmen. Das ist ein Prozeß, der um so mehr Zeit braucht, je verfestigter die Distanziertheit zum eigenen Erleben ist – eine Prägung, die meist in der Kindheit ihre Wurzeln hat. Auch in diesem Bereich, im Wahrnehmen und Akzeptieren der eigenen Gefühle und Erlebensqualitäten, könnten durch Frühförderung entscheidende Weichen gestellt werden.

Doch nicht nur, was ihre Emotionen betrifft, haben Menschen mit geistiger Behinderung wenig Gelegenheit, Vertrauen zu sich selber aufzubauen. Sie erleben auch im Alltag immer wieder: »Ich kann das nicht«, »Ich mache es falsch.« Das prägt ihr Selbstkonzept. Sie verlernen es, ihren Erfahrungen zu trauen, und orientieren sich ausschließlich an dem, was ihnen als »angepaßt« vermittelt wird. Da sie tatsächlich manches nicht können und vieles falsch machen, wird ihr Verhalten von klein auf ständig korrigiert – manchmal viel mehr als notwendig, denn die Bezugspersonen möchten, daß sie möglichst »normal« erscheinen. Sie vergessen dabei, wie wichtig es für Menschen mit geistiger Behinderung ist, ihre Eigenständigkeit zu erproben, wo immer das möglich ist, auch wenn ihr Verhalten dann vielleicht nicht ganz der Norm entspricht. Sie müssen auch so schon mehr als genug korrigiert werden in Situationen, wo es tatsächlich nicht so geht, wie es ihren Impulsen entsprechen würde. So verlernen sie mit der Zeit, ihre Eingebungen, Empfindungen und Reaktionen überhaupt wahrzunehmen, oder tun sie schon gleich selber als »nicht normal« ab.

Eigene Impulse anregen

Bei Menschen mit geistiger Behinderung geht es nicht nur darum, Eigenständigkeit zu unterstützen: eigene Impulse müssen geradezu angeregt und ermutigt werden. Der Alltag bietet unzählige Möglichkeiten dazu. Ein weites Feld ist zum Beispiel die Kleidung. Es ist bedenklich, wie häufig an der Art, wie behinderte Menschen gekleidet sind, der Geschmack der Betreuerinnen abzulesen ist.

Beispiel 36
Lucie R. ist sehr darauf bedacht, sich so anzuziehen, daß sie es ihren Bezugspersonen recht macht. So kleidet sie sich am Wochenende, wenn sie nach Hause geht, ganz nach dem Geschmack der Mutter (den die Betreuer scheußlich finden), werktags im Wohnheim zieht sie die Kleider an, von denen sie glaubt, daß sie den Betreuerinnen gefallen. An ihrem Kleiderschrank kann man ziemlich genau ablesen, welcher Betreuer welches Kleidungsstück mit ihr eingekauft hat.

Dem können die Betreuerinnen entgegenwirken, indem sie sich nicht einfach damit zufriedengeben, daß die behinderten Menschen sich ihrem Geschmack anpassen, sondern sie ermuntern herauszufinden, was ihnen selber gefällt. So könnten sie zum Beispiel, anstatt zu sagen: »Der Pullover paßt nicht zu der Hose«, gemeinsam mit der behinderten Frau in den Spiegel schauen und ausprobieren: »Gefällst du dir so besser oder so?« und immer wieder geduldig darauf hinweisen, daß nicht allen das gleiche gefallen muß: »Mir gefällt das, dem Hans gefällt das andere, was gefällt dir?«

Beispiel 37

Im Volkshochschulkurs ist das Thema »Kleider kaufen« durchgespielt worden, mit Stoffmustern, Verkaufstisch und Rollenspiel. Eine Woche später berichtet Hans Q.s Mutter der Dozentin, daß sie Hans für eine Beerdigung einen dunklen Pullover kaufen wollte. Zwei standen zur Auswahl. Sowohl die Verkäuferin wie die Mutter rieten zu dem dunklen, von dem sie fanden, er stehe ihm besser und sei dem Anlaß angemessener. Aber Hans Q. blieb ganz entschieden bei dem anderen, einem etwas grellblauen Plüschpullover. Als er gefragt wurde, warum, meinte er: »Weil sich der so schön weich anfühlt.«

Um solche Erfahrungen zu vermitteln, braucht es nicht unbedingt externe Kurse. Es könnten auch im Heim und in der Wohngruppe sehr sinnvolle und unterhaltsame Spiele gestaltet werden mit Kleidern und Stoffen: anprobieren, in den Spiegel schauen, sich gegenseitig betrachten und einander sagen, was einem besser gefällt und was weniger. Das könnte eine erholsame und zugleich erlebnisreiche Abwechslung sein zu den manchmal etwas hektischen und überfrachteten Freizeitprogrammen, die den behinderten Menschen geboten werden.

Es wäre wünschenswert, daß die Freizeitgestaltung stärker

von dem Bestreben bestimmt würde, *Erfahrungen zu vermitteln und den Sinn für eigene Empfindungen, eigene Urteile und den eigenen Geschmack zu schärfen.* Im Prinzip kann jeder Ausflug, jeder Einkauf dazu benutzt werden, individuelle Wahrnehmung und eigenständige Ansichten anzuregen. Die Tendenz, sich dem anzupassen, was »man« schön findet, der Hang zu Gemeinplätzen, die bei Menschen mit geistiger Behinderung meist sehr ausgeprägt sind, dürfen nicht noch mehr verstärkt werden. Im Gegenteil: Menschen mit geistiger Behinderung müssen ermutigt werden, ihre Wahrnehmungen und Empfindungen nicht selber schon von vorneherein als »nicht normal« abzuwerten, sondern sie ernstzunehmen, auch wenn sie »anders« sind, als sie glauben, daß sie sein müßten.

Damit ist nicht gemeint, daß die Behinderung geleugnet oder überspielt werden soll. Sie ist eine Realität, die akzeptiert werden muß. Doch diese Realität hat viele Facetten, die leicht übersehen werden, wenn der Blick einseitig auf den Aspekt »Behinderung« fixiert ist.

Die Einstellung zur Behinderung

ist ein vielschichtiges Problem, mit dem Menschen mit geistiger Behinderung ständig und oft auf widersprüchliche Weise konfrontiert werden. Auf der einen Seite erleben sie, daß ihre Bezugspersonen sie möglichst »angepaßt« sehen wollen, auf der anderen Seite wird von ihnen erwartet, daß sie ihre Behinderung akzeptieren – keine geringe Anforderung an Menschen, die ja eben geistig behindert sind und vielleicht gerade das nicht leisten können. Zumal sie immer wieder – auf der Straße, beim Einkaufen, im Bus, im Schwimmbad – Diskriminierung erleben. Kein Wunder, daß sie die Tendenz haben, die eigene Behinderung, so gut es geht, zu verleugnen und sich von anderen Behinderten möglichst abzugrenzen. Schwerer Behinderte haben es in diesem

Punkt vielleicht etwas leichter, weil ihnen die Behinderung oft gar nicht so recht als solche bewußt ist. Aber natürlich nehmen auch sie sehr sensibel die Reaktionen der Umwelt wahr und spüren, daß sie nicht so sind, wie sie sein müßten.

Von entscheidender Bedeutung ist *die Einstellung der Bezugspersonen zur Behinderung.* Sie bestimmt weitgehend, wie die Behinderten selber damit leben können. Die Behinderung akzeptieren – das geht nur, wenn die betroffenen Menschen auch *positive Seiten* ihres Soseins erfahren können. Dafür brauchen sie Unterstützung und Ermutigung durch ihre Bezugspersonen, was voraussetzt, daß diese solche positiven Aspekte *sehen können.*

Menschen mit geistiger Behinderung ernstnehmen heißt nicht, über ihre Behinderung wegsehen, sondern sie *mit ihrer Behinderung ernstnehmen.* Das wird in dem an sich lobenswerten Bestreben, Menschen mit geistiger Behinderung nicht zu diskriminieren, manchmal vergessen. Ein Beispiel aus Großbritannien, wo Nichtdiskriminierung bis hin zur Sprachregelung streng beachtet wird, zeigt, wie undifferenzierte »political correctness« manchmal das Gegenteil von dem bewirken kann, was eigentlich beabsichtigt ist.

Beispiel 38

Brian L., 19 Jahre alt, lebt bei seinen Eltern. Drei Tage in der Woche verbringt er auf einer Farm, die spezielle Lern- und Beschäftigungsprogramme für Menschen mit geistiger Behinderung anbietet, an zwei Tagen geht er zur Schule. Diese Orte sind von seinem Wohnort aus mit öffentlichen Verkehrsmitteln nicht zu erreichen, deshalb hat der Sozialdienst bisher die Kosten für den Taxitransport übernommen. Im Zuge der allgemeinen Sparmaßnahmen sollen diese Beiträge nun gestrichen und andere Lösungen gesucht werden. Brian wird, zusammen mit seinen Eltern, zu einer Besprechung eingeladen. Da Brian über 18 ist, steht ihm das Recht zu, selber informiert zu werden und Stellung nehmen zu können. Die Sozialarbeiterin hat ein Papier vorbereitet, das die Sachlage festhält und das sie Brian eine halbe Stunde lang ausführlich zu erklären versucht. Sie realisiert nicht, daß Brian diesen Ausführungen nicht folgen und auch nicht so lange aufmerksam zuhören kann. Auf die Frage, ob er sie verstanden habe, antwortet er »ja«. Daraufhin werden verschiedene mögliche Alternativen zur jetzigen Situation besprochen. Am Ende der Sitzung wird Brian nochmals gefragt, ob er verstanden habe, und er sagt wieder »ja«. Die Sozialarbeiterin merkt nicht, daß er nichts verstanden hat und nur »ja« sagt, um der Situation, die ihm peinlich ist, ein Ende zu machen. Zu Hause antwortet er auf die Frage des Vaters, warum er »ja« gesagt habe: »Es blieb mir doch nichts anderes übrig« – und hat damit seine Situation gefühlsmäßig genau erfaßt. Wie sich herausstellt, hat das Gespräch lediglich bewirkt, daß Brian nun glaubt, er könne in Zukunft nicht mehr auf die Farm gehen. Er regt sich sehr auf und ist verzweifelt, weil er gerne dort ist und die Farm als sein zweites Zuhause betrachtet.

Diese Verzweiflung hätte dem jungen Mann erspart werden können, wenn in dem Gespräch nicht nur seine Volljährigkeit, sondern auch seine Verständnismöglichkeiten berücksichtigt worden wären. Obwohl die Sozialarbeiterin in bester Absicht handelte und Brian ernstnehmen wollte, fehlte es ihr entschieden an der nötigen Einfühlung in seinen Bezugsrahmen. Ohne diese Einfühlung kann man Menschen mit geistiger Behinderung jedoch nicht gerecht werden. Es ist ebenso kontraproduktiv, ihnen zuwenig zuzutrauen, wie sie zu überfordern. Auch hier geht es darum, die angemessene Balance zu finden, die bei jedem Menschen wieder etwas anders ist.

Menschen mit geistiger Behinderung müssen – wie alle anderen auch – lernen, mit ihren Schwächen zu leben. Aber auch mit ihren Stärken. Die Betreuer müssen ihnen ermöglichen, ihre Stärken und Fähigkeiten zu erfahren und zu erkennen. Die Betonung sollte viel weniger auf dem Etikett »Behinderung« liegen als auf den individuell unterschiedlichen *Stärken und Schwächen.* Die sollten sie kennen – die eigenen wie die der anderen, einschließlich der Betreuer – und damit umgehen lernen. Erkennen, daß andere auch ihre Fähigkeiten und ihre Grenzen haben, erfahren, daß andere anders sind, und lernen, dieses Anderssein zu akzeptieren, ist eine unerläßliche Voraussetzung für ein einigermaßen erträgliches Zusammenleben der geistig behinderten Menschen miteinander und mit ihren Bezugspersonen.

So notwendig Unterscheidungen zwischen verschiedenen Ausprägungen geistiger Behinderung sind, so vorsichtig sollte mit den Etikettierungen umgegangen werden, denen geistig behinderte Menschen ständig ausgesetzt sind: behindert, weniger behindert, schwächer als andere, stärker als andere. Diese Bewertung wird von ihnen voll übernommen, um andere einzuordnen und eine Hierarchie der Behinderungen aufzustellen, in der sie sich selbst möglichst weit oben sehen. Das ist für die guten Beziehungen untereinander alles andere als förderlich.

Beispiel 39

Für Max C. ist sehr wichtig, wie behindert die anderen sind. »Der gehört zu den Schwächeren«, sagt er zum Beispiel genüßlich über einen Kollegen. Und über einen anderen: »Der hat Anfälle und muß Medikamente nehmen, ich nicht.« Es war ganz schlimm für Max C., als er vor ein paar Jahren, nach einem Unfall, in eine schwächere Gruppe versetzt wurde. Nicht, ob er sich dort wohler oder weniger wohl fühlt, beschäftigt ihn, entscheidend ist der Makel: »Ich gehöre jetzt zu den Schwächeren.«

Das Beispiel zeigt erschreckend deutlich, wie negativ sich diese Art von Zuordnung auswirken kann. Viel konstruktiver wäre es, im Zusammenleben Sensibilität zu wecken für die Verschiedenheit der Menschen, Toleranz zu fördern für das Anderssein anderer – und diese Toleranz auch vorzuleben. Die behinderten Menschen müssen ermutigt werden, gegenseitig ihre Stärken zu nutzen und ihre Schwächen auszugleichen. Sie sollten unterscheiden lernen: Was kann ich besser, was können andere besser? Wo brauche ich Hilfe, wo kann ich anderen helfen? Über die gegenseitige Hilfe hinaus verschafft diese Haltung mehr Unabhängigkeit von den Betreuern und regt freundschaftliche Beziehungen der geistig behinderten Menschen untereinander an.

Doch bei aller Betonung der positiven Aspekte darf nicht übersehen werden, *daß Menschen mit geistiger Behinderung immer wieder zutiefst leiden an ihrem Behindertsein,* auch wenn das nicht immer so prägnant zum Ausdruck kommt wie im folgenden Beispiel.

Beispiel 40
Elsa K., die sonst recht lebhaft und fröhlich ist, bricht in der Therapiestunde plötzlich in heftiges Weinen aus. »Ich möchte am liebsten davonfliegen wie ein Vögelchen, ganz weit weg ... und nichts mehr ... gar nichts ... nur noch schöne Liedchen pfeifen ... ich bin ein Putzlappen ... nur ein Putzlappen bin ich ... ich bin nichts, nichts, nichts ... gar nichts bin ich.« Trösten und Beschwichtigen sind da fehl am Platz. Ich kann nichts anderes tun als auf ihre Gefühle eingehen und sie mit aushalten, bis sie abklingen und wieder Raum ist für anderes. Ich empfinde meine Ohnmacht sehr stark und bin ein wenig beschämt, als Elsa mich beim Gehen umarmt und sagt: »Du hast mir sehr geholfen.«

Dieses Beispiel zeigt einmal mehr in aller Deutlichkeit, wie wichtig es bei solchen Gefühlsausbrüchen ist, einfach dazusein, mitzufühlen, mit auszuhalten. Dieses Mit-Aushalten fällt den Bezugspersonen oft sehr schwer. Sie werden durch solche Verzweiflungsausbrüche ganz stark mit ihrer eigenen Hilflosigkeit und mit ihren Grenzen konfrontiert. Das *Mit-aushalten-Können* ist keine leichte Aufgabe für die Bezugspersonen, doch hilft es den betroffenen Menschen in solchen Situationen mehr als alles andere, weil es Raum schafft für ihre Gefühle und sie dabei unterstützt, sie zum Ausdruck zu bringen.

Behindert sein ist nicht schön, diese Tatsache läßt sich weder leugnen noch beschönigen. Das empfinden Menschen mit geistiger Behinderung zeitweise sehr schmerzlich, auch wenn es selten jemand so eindrücklich formulieren kann wie Elsa K. Menschen, die sich nicht verbal ausdrücken können, haben vermutlich manchmal ähnliche Gefühle. Wie ist wohl einer Frau zumute, die nicht sprechen, sich kaum bewegen, nicht alleine essen kann? Ist ihre Weigerung, sich von einem neuen Betreuer füttern zu lassen, indem sie den Mund nicht aufmacht, vielleicht ein Ausdruck ihrer Verzweiflung über diesen Zustand? Wir wissen es nicht und sind auf einfühlende Vermutungen angewiesen, um zu ahnen, was in ihr vorgeht.

Dabei können die eigenen Gefühle Wegweiser sein. Auch Betreuer empfinden in manchen Situationen Hilflosigkeit, Trauer, Wut, Überdruß, Ekel, denken vielleicht: »Diese verfluchte Behinderung.« Häufig werden solche Gefühle und Gedanken verdrängt, weil »nicht sein kann, was nicht sein darf«. Doch das hilft weder den Betreuerinnen – denn die verdrängten Gefühle werden sich in irgendeiner unkontrollierbaren Weise dann doch Luft machen –, noch den behinderten Menschen, die auf diese Weise darin bestärkt werden, ihre Emotionen verstecken zu müssen. Wenn jedoch die Betreuer solche Gefühle bei sich bewußt wahrnehmen, ist das nicht nur ihrer eigenen Psychohygiene förderlich, sondern kann auch ein Schlüssel sein zum Verständnis des behinderten Menschen, der diese Gefühle ausgelöst hat.

Paarbeziehungen und Sexualität

sind ein Bereich, in dem den betroffenen Menschen ihre Behinderung besonders schmerzlich bewußt wird. Auch wenn der Umgang mit Sexualität in der Arbeit mit geistig behinderten Menschen in den letzten Jahren glücklicherweise sehr viel liberaler geworden ist, bleibt es ein schwieriges und oft unlösbares Problem, ob und wie sie Partnerschaft und Sexualität leben können. Die realen Möglichkeiten für Paarbeziehungen und sexuelle Kontakte sind im allgemeinen sehr begrenzt, selbst wenn sie von der Institution durchaus toleriert oder sogar gefördert werden, was nicht überall der Fall ist. Ganz verschiedene Faktoren spielen da eine Rolle: gesellschaftliche, weltanschauliche, persönlichkeitsbedingte, entwicklungsbedingte, situationsbedingte, usw. Gibt es überhaupt Möglichkeiten, mit diesem vielschichtigen Thema im Alltag personzentriert umzugehen?

Es ist eine Gratwanderung, Rahmen und Spielraum im Beziehungsbereich so zu gestalten, daß die persönliche Freiheit, das Recht auf Liebe, Freundschaft und Sexualität der behinderten Menschen respektiert werden und zugleich der nötige Schutz vor Gefahren – Gewalt, Aids, ungewollte Schwangerschaft, um nur diese zu nennen – gewährleistet ist. Es gibt keine Patentlösungen. Jeder Fall, jede Situation ist anders und muß genau betrachtet und durchdacht werden.

Zunächst ist zu klären, worum es den beteiligten Personen überhaupt geht. Wie stellen sie sich die Beziehung vor, was für Möglichkeiten haben sie, und wie sehen die Rahmenbedingungen aus? Es geht darum, sensibel und differenziert wahrzunehmen, was die behinderten Menschen *konkret* wollen. Betreuerinnen haben die Tendenz, eigene Ideale und Vorstellungen, wie Beziehungen sein sollten, auf die behinderten Menschen zu übertragen und von Normen auszugehen, die diesen nicht immer entsprechen. Selbst »normale« Paare erfüllen solche Idealvorstellungen in den seltensten Fällen, um wieviel schwieriger muß das für

Menschen mit geistiger Behinderung sein! Selbst wenn ihr Wunsch nach »Normalität« gerade in bezug auf Partnerschaft sehr groß ist und Begriffe wie »einen Freund haben«, »verlobt sein«, »heiraten« für manche eine fast magische Anziehungskraft besitzen, so ist es doch oft gar nicht klar, was sie sich konkret darunter vorstellen. Es ist deshalb nicht sinnvoll, ihre Beziehungen in Normen zu pressen, von denen sich auch »normale« Paare nicht selten überfordert fühlen und denen Menschen mit geistiger Behinderung noch weniger gewachsen sind – ganz abgesehen davon, daß sie oft gar nicht ihren tatsächlichen Bedürfnissen entsprechen. Diese Bedürfnisse sollten erst sorgfältig geklärt werden.

Anstatt vom herkömmlichen »miteinander gehen«, von Verlobung oder gar von Heirat auszugehen und es dann den behinderten Menschen selber zu überlassen, wie sie mit den Vorstellungen zurechtkommen, die sie damit verbinden, sollte nach Alternativen gesucht werden. Auch in diesem Bereich ist es hilfreich, konkret zu werden: Was genau erwarten die beteiligten Personen voneinander und von der Beziehung? Was möchten sie, und was möchten sie nicht? Wo stimmen die Erwartungen der beiden Personen überein, und wo unterscheiden sie sich? Das alles sollten die Bezugspersonen mit ihnen zusammen sorgfältig herausfinden und dann einen Rahmen für die Beziehung schaffen, der auf die spezifischen Bedürfnisse und Möglichkeiten der beiden Menschen, um die es geht, zugeschnitten ist. Das Wichtigste dabei ist, *ganz konkret und pragmatisch* zu bleiben und sich nicht von Vorstellungen, »wie es sein sollte«, leiten zu lassen.

Beispiel 41

Erna S. und Erich P. »gehen miteinander«. Nach kurzer Zeit will Erich »Schluß machen«. Die Betreuer versuchen ihm das auszureden. Sie fürchten, daß es für Erna ein schlimmer Einbruch wäre, »nicht mehr mit Erich zu gehen«. Die Beraterin schlägt vor, daß die Betreuerinnen gemeinsam mit Erich P.

genauer herausfinden sollen, was das für ihn heißt, »nicht mehr miteinander gehen«. Was konkret will Erich nicht mehr? Es stellt sich heraus, daß Erich sich bedrängt fühlt, wenn Erna jederzeit ohne zu fragen in sein Zimmer kommt. (Was für Erna zum »miteinander gehen« gehört.) Aber er mag immer noch gerne mit ihr Zärtlichkeiten austauschen und mit ihr in den Ausgang gehen. Anstatt des krassen Entweder–Oder – »miteinander gehen« oder »Schluß machen« – geht es jetzt darum, andere Formen für ihr Zusammensein zu finden und klare Abmachungen zu treffen. Zum Beispiel: ein oder zweimal in der Woche abends zusammen ins Café gehen. Erna soll auch nicht mehr einfach in Erichs Zimmer kommen, sondern fragen, ob es ihm recht sei, und akzeptieren, daß er vielleicht manchmal nein sagt. Erich hingegen soll nicht nur warten, bis Erna fragt, und dann ja oder nein sagen, sondern auch selber Erna hin und wieder fragen, ob sie zu ihm ins Zimmer kommen möchte.

Der schützende Rahmen der Institution bietet vielfältige Möglichkeiten für Beziehungsformen, die den Bedürfnissen ihrer Bewohner angepaßt sind. Diese Chance sollte vermehrt genutzt werden. Konkret und klar herauszufinden, was die Beteiligten voneinander wollen und was sie nicht wollen, und die entsprechenden Vereinbarungen zu treffen, ist viel konstruktiver als das Etikett »verlobt« oder »miteinander gehen«, nicht zuletzt deshalb, weil solche Vereinbarungen verändert werden können, wenn die Bedürfnisse sich verändern, ohne daß das unweigerlich zum Bruch führen muß. Zudem lernen behinderte Menschen auf diese Weise, klarer und konkreter zu erkennen, was sie eigentlich wollen, anstatt sich auf einen Status wie »verlobt« oder »verheiratet« zu fixieren – einen Status, der dann häufig eine Eigendynamik entwickelt, der sie nicht gewachsen sind.

Beispiel 42
Hans G. und Elisabeth W. sind verlobt. Sie sind sehr stolz auf die Verlobung, die im Heim gebührend gefeiert wurde und die ihren Status hebt. Bald darauf können sie als Kleinwohngruppe zusammen mit Werner K. eine eigene Wohnung beziehen. Hier beginnen die Schwierigkeiten. In den Kleinwohngruppen gilt die Regel, daß die Hausarbeit unter allen Bewohnern, Männern wie Frauen, gleichmäßig aufgeteilt wird. Hans G. drückt sich, wo er kann: Er ist ja jetzt verlobt, und seiner Vorstellung nach ist es die Aufgabe der Frau, für beide den Haushalt zu machen. Das entspricht durchaus auch Elisabeth W.s Vorstellungen, und so übernimmt sie praktisch den ganzen Haushalt, denn auch Werner K. sieht nicht ein, warum er als Mann Hausarbeit leisten soll, wenn Hans das nicht tut. Sosehr die Betreuer dieser Rollenverteilung entgegenzuwirken versuchen: sobald sie aus dem Haus sind, übernimmt Elisabeth stillschweigend die Arbeit der beiden Männer. Obwohl sie meint, das gehöre sich so, wird es ihr bald zuviel, sie wird unleidlich und deprimiert. Bald werden ihr auch Hans G.s sexuelle Ansprüche zuviel, sie wünscht sich wieder ein eigenes Zimmer. Sie traut sich aber lange nicht, über ihr Anliegen zu sprechen, denn das würde für sie heißen: »die Verlobung auflösen«, und das wäre in ihren Augen ein demütigendes Versagen. Lange Zeit stand die Norm »Verlobung« allen Veränderungsmöglichkeiten im Wege und verhinderte, daß eine Lösung gefunden werden konnte, die den veränderten Bedürfnissen von Hans G. und Elisabeth W. gerecht wurde und zu der beide ja sagen konnten.

Beide hätten besser mit den Veränderungen in ihrer Beziehung fertigwerden können, wenn nicht die als Stigma empfundene »Auflösung der Verlobung« damit verbunden gewesen wäre, wenn es einfach darum gegangen wäre, andere Modalitäten für ihr Zusammensein zu finden. Gerade weil Menschen mit geistiger Behinderung, vor allem wenn sie nur leicht behindert sind, sich so sehr danach sehnen, den »Normalen« zu gleichen, empfinden sie es doppelt als Versagen, wenn sie die entsprechenden Normen nicht durchhalten können.

Nicht immer geht es beim Wunsch nach einer Paarbeziehung um Sexualität, und nicht immer ist der Wunsch nach sexuellen Kontakten mit dem Bedürfnis nach einer engen Paarbeziehung verbunden. Auch in dieser Beziehung sollten Bezugspersonen die eigenen Wertvorstellungen zur Seite stellen und differenziert wahrnehmen, was genau die behinderten Menschen wollen.

Immer noch geistert die Meinung herum, Menschen mit geistiger Behinderung seien besonders triebhaft. Das ist in den seltensten Fällen so. Die Erfahrung zeigt, daß es bei behinderten Paaren weitaus häufiger um Nähe, Zärtlichkeit, Streicheln, Berührungen geht als um den sexuellen Akt an sich. Doch selbstverständlich gibt es auch geistig behinderte Menschen, die durchaus Freude an sexuellen Kontakten und das Bedürfnis danach haben, sei das nun in einer Paarbeziehung oder unabhängig davon.

Beispiel 43

Gertrud M., eine 30jährige Frau mit Down-Syndrom, ist bei mir in Therapie. In einer Besprechung zeigen sich die Betreuerinnen besorgt, weil Gertrud von einem Freund mehr oder weniger zu sexuellen Kontakten gezwungen worden sei. Ich wundere mich ein wenig, weil Gertrud zwar von diesem Freund erzählt, aber diese Begebenheit nie erwähnt hat und auch nie irgendwie verstört oder bedrückt gewirkt hatte. Auf mein vorsichtiges Fragen stellt sich in der nächsten Therapiestunde heraus, daß sie mit dem Freund, den sie eine Zeitlang regelmäßig besuchte, sexuelle Kontakte hatte und ihr das keineswegs zuwider war. Sie hat im Gegenteil diese körperlichen Empfindungen sehr genossen und ist enttäuscht, daß sie den Freund jetzt nicht mehr so oft besuchen darf. Aufgrund ihrer

Erziehung und auch durch die Art und Weise, wie die Betreuerinnen reagierten, hat sie jedoch angenommen, etwas »Schlechtes« getan zu haben. Sie hat nicht gewagt, ihr Vergnügen an den sexuellen Kontakten mit ihrem Freund zuzugeben, sondern behauptet, sie seien gegen ihren Willen erfolgt. Sie hat sehr genau gespürt, was die Betreuerinnen von ihr hören wollten. Für diese waren sexuelle Kontakte ohne eine tragfähige Beziehung undenkbar. Sie übersahen dabei, daß Gertrud weder an einer solchen Beziehung interessiert, noch vermutlich dazu in der Lage war, sondern schlicht und einfach Spaß hatte an diesen sexuellen Erfahrungen.

Ob solche Beziehungen geduldet werden sollen oder dürfen, darüber gehen die Meinungen auseinander. Ich finde, daß wir nicht das Recht haben, unsere Moral- und Wertvorstellungen auf die behinderten Menschen zu übertragen und dadurch ihre ohnehin schon begrenzten Möglichkeiten in diesem Bereich noch mehr einzuschränken. Ich meine, wir sollten es akzeptieren, wenn ihre Maßstäbe und ihre Empfindungen anders sind als unsere – individuell ja auch sehr unterschiedlichen – Vorstellungen von Beziehung.

Menschen mit geistiger Behinderung haben so wenig Gelegenheit, ihre Sexualität zu leben, daß wir ihnen die wenigen, die sich ihnen bieten, nicht verbauen sollten, solange nicht andere dadurch belästigt oder gefährdet werden. Unter dieser Voraussetzung ist auch gegenüber Ersatzhandlungen, wie Fetischismus, Sexheftchen etc., Toleranz am Platz. Nicht die persönlichen Wertvorstellungen der jeweiligen Betreuer sollten das Kriterium sein, ob etwas toleriert wird oder nicht, sondern die Rücksicht auf andere und der Schutz der betroffenen Menschen selber.

Diesen Schutz zu gewährleisten ist eine keineswegs einfache Aufgabe. Im Zeichen von Aids und zunehmender sexueller Gewalt ist es mit Empfängnisverhütung allein nicht mehr getan. Einschränkungen sind nicht immer zu umgehen. Und wiederum sind leicht behinderte Menschen, die Einschränkungen besonders hart empfinden, besonders stark betroffen.

Beispiel 44

Sabine H., eine 40jährige Frau mit leichter geistiger Behinderung, die in einer Kleinwohngruppe lebt, geht gerne aus. Sie verkehrt in Bierhallen, wo Schrammelmusik gespielt wird. Dort fühlt sie sich wohl, nicht nur, weil ihr die Musik gefällt, sondern auch, weil sie in diesem Milieu nicht so sehr als behindert auffällt. Der Unterschied zwischen ihr und den Leuten, die dort verkehren, erscheint nicht so groß, jedenfalls wird sie von Gleich zu Gleich behandelt. Eines Abends kommt sie ziemlich aufgekratzt nach Hause und berichtet der Betreuerin, ein Mann habe sie zu sich nach Hause mitnehmen wollen, sie sei aber nicht mitgegangen. Es ist ihr deutlich anzumerken, daß sie eigentlich sehr gerne mitgegangen wäre, aber unsicher war, ob das »erlaubt« sei. Die Betreuerin ihrerseits ist unsicher, wie sie sich verhalten soll. Sie möchte Sabine nicht bevormunden, aber sie hat Angst, es könnte ihr etwas passieren, wenn sie sich von einem Mann, der sie in der Wirtschaft anspricht, mitnehmen läßt, konkret: er könnte gewalttätig werden. Das sagt sie Sabine, und diese verspricht, auch in Zukunft nicht mitzugehen. Der Betreuerin ist nicht wohl bei der Sache, sie hat den Eindruck, sie habe Sabine H. manipuliert und das Problem sei so nicht gelöst.

Da die Betreuerin im Moment keine Lösung sah, hat sie zweifellos kongruent gehandelt, indem sie ihre Angst offen zugab. Aber auf die Dauer ließen sich vielleicht noch andere Wege finden. Zum Beispiel könnte es zur Regel gemacht werden, daß neue Bekanntschaften zunächst einmal in die Wohngruppe zum Kaffee oder zum Essen eingeladen werden, damit die Betreuer sie kennenlernen und sich ein Bild machen können. Es sagt schon etwas aus, ob jemand sich auf eine solche Einladung einläßt oder nicht.

Aber auch das gibt keine sichere Gewähr, und ein Risiko läßt sich nie ganz ausschließen.

Für die Betreuer bleibt es ein Balanceakt zwischen dem Risiko, das sie eingehen dürfen, um behinderten Menschen Beziehungen zu ermöglichen und ihre persönliche Freiheit zu respektieren, und den Einschränkungen, die notwendig sind, um sie vor Gefahren zu schützen. Außerdem sind sie an den Rahmen der gesetzlichen Vorschriften gebunden. Doch sind Einschränkungen aufgrund realer Notwendigkeiten in jedem Fall ehrlicher und – auch wenn sie wehtun – für die Betroffenen leichter zu verkraften als solche, die auf persönlichen Moralvorstellungen der jeweiligen Betreuerinnen beruhen und für die behinderten Menschen nicht immer nachvollziehbar sind.

Die schwierigen Anforderungen des Gruppenlebens

Das Leben in Gruppen – zumal es sich um Zwangsgruppierungen handelt, die sie sich nicht aussuchen können – stellt hohe Ansprüche an die sozialen Fähigkeiten von Menschen mit geistiger Behinderung. Es ist ein Paradox, über das viel zuwenig nachgedacht wird: Menschen gelten als behindert und in ihren Fähigkeiten – gerade auch den sozialen – eingeschränkt, und doch werden von ihnen ganz selbstverständlich enorme Leistungen in bezug auf Anpassung, Rücksichtnahme und Verständnis im Zusammenleben erwartet – Leistungen, die »normale« Menschen nicht ohne weiteres in diesem Ausmaß zu erbringen bereit wären.

Das Sich-Zurechtfinden in der Gruppe beansprucht die Energie und die Lernfähigkeit der behinderten Menschen sehr intensiv – Ressourcen, die sie vielleicht in anderer Weise für ihre persönliche Entwicklung besser nutzen könnten. Das mühsam Erreichte wird zudem durch neue Konstellationen immer wieder in Frage gestellt, es ergeben sich immer wieder andere Anforderungen, und die Anpassung muß erneut geleistet werden. Das ist viel verlangt von Menschen mit geistiger Behinderung, denen sonst nur wenig zugetraut wird, und es ist manchmal erstaunlich, was sie in dieser Hinsicht leisten. Oft sind sie aber auch völlig überfordert. Manches unangepaßte Verhalten, manches »Durchdrehen« oder »Ausflippen«, das als spezifisches persönliches Problem betrachtet wird, hat hier seine Wurzeln. Vielleicht wäre es sinnvoll, die Ansprüche manchmal etwas herunterzuschrauben und nach Lösungen zu suchen, welche die betroffenen Menschen entlasten, auch wenn das nicht dem »Gruppenideal« entspricht – das in der Regel mehr auf den theoretischen Vorstellungen der Betreuer beruht, als auf den tatsächlichen Bedürfnissen der betroffenen Menschen.

Ich frage mich immer mehr, ob in manchen Fällen *pensionsähnliche Wohnformen mit individueller Betreuung* nicht viel geeigneter wären als das erzwungene Zusammenleben in Gruppen, das für den einzelnen keineswegs immer förderlich ist. Selbstverständlich dürfen die Bewohner nicht einfach sich selbst überlassen werden. Es müssen ihnen Angebote für gemeinsame Freizeitaktivitäten zur Verfügung stehen, an denen sie wahlweise und auf freiwilliger Basis teilnehmen können. Eine intensive (aber deshalb nicht zwangsläufig besonders zeitaufwendige) persönliche Betreuung muß gewährleistet sein. Denkbar wäre zum Beispiel, daß zu bestimmten Zeiten Betreuerinnen als Ansprechpersonen zur Verfügung stehen, die individuell auf die Anliegen der Bewohnerinnen eingehen und bei Bedarf beratend oder unterstützend eingreifen. Daraus könnten sich auch neue Anreize und andere Schwerpunkte für die Arbeit der Betreuer ergeben, die sich häufig beklagen, daß die Organisation des Gruppenlebens und das Schlichten von Konflikten innerhalb der Gruppe übermäßig viel von ihrer Zeit und Kraft in Anspruch nehme und die individuelle Begleitung zu kurz komme.

Gewiß sind diese Vorschläge keine Patentlösung. Jede Wohnform hat ihre spezifischen Probleme. Dennoch glaube ich, daß

Angebote in der beschriebenen Richtung den Bedürfnissen vieler erwachsener – vor allem auch älterer – Menschen mit geistiger Behinderung entgegenkommen würden und neben den bereits bestehenden Wohnformen durchaus ihre Berechtigung hätten. Es würde sich lohnen, über entsprechende Konzepte nachzudenken und sie auszuprobieren.

6 Auswirkungen für die Betreuerinnen

Welche spezifischen Anforderungen stellt die personzentrierte Arbeitsweise? Was für Auswirkungen hat die personzentrierte Haltung auf das Selbstverständnis der Betreuer und auf ihre Beziehung zu den Menschen, die sie betreuen? Und was können sie für sich selbst gewinnen, wenn sie so arbeiten?

Die Beziehung zu den Klienten

Die Beziehung zwischen den Betreuern und ihren Klientinnen wird nicht nur im personzentrierten Ansatz als tragendes Element angesehen, ihre Bedeutung ist in der sozialen Arbeit allgemein unbestritten. Allerdings sind die Vorstellungen, wie diese Beziehung aussehen sollte, sehr unterschiedlich und häufig recht unklar. Es lohnt sich, etwas genauer darüber nachzudenken.

Aus personzentrierter Sicht beruht die Beziehung der Betreuerinnen zu ihren Klienten (genau wie die therapeutische Beziehung in der Gesprächspsychotherapie) auf der Grundlage von Empathie, Wertschätzung und Kongruenz. Zur Kongruenz gehört auch, daß der Charakter und die Grenzen dieser Beziehung klar und für alle Beteiligten durchschaubar sein müssen. Es ist bis zu einem gewissen Grad eine einseitige Beziehung. Das Wohl und die Förderung der ihnen anvertrauten Menschen steht im Zentrum, es geht um *ihre* Bedürfnisse, um die Gestaltung *ihrer* Lebensbereiche, nicht um die der Betreuer, deren privates Leben anderswo stattfindet.

Für die Mitarbeiterinnen ist das Leben mit pflegebedürftigen, geistig behinderten oder verhaltensauffälligen Menschen *Beruf.* Nach der Arbeit kehren sie in ihr privates Umfeld zurück, wo sie ihr eigenes Leben leben. Diese Realität wird häufig verwischt. Die Betreuer versuchen eine sehr enge persönliche Beziehung aufzubauen, sie lassen sich mehr ein, als sie durchzuhalten imstande sind, und wecken Wünsche, die sie nicht erfüllen können. Sie sind dann oft sehr schnell ausgebrannt und müssen sich eine andere Arbeit suchen. Für die betroffenen Menschen bedeutet das einmal mehr Verlassenwerden und Enttäuschung – eine Erfahrung, die besonders Menschen mit geistiger Behinderung nur allzu gut kennen. Vor solchen Enttäuschungen versuchen sie sich je nach Persönlichkeit auf unterschiedliche Weise zu schützen: die einen, indem sie sich extrem an einen Betreuer anklammern, in der Hoffnung, ihn dadurch festhalten zu können, die anderen, indem sie sich weigern, auf das Beziehungsangebot der Betreuerin einzugehen, und sich gegen die Nähe sperren, die sie ihnen geben möchte.

Besonders problematisch ist es, wenn Bezugspersonen in der Beziehung zu den Menschen, die sie betreuen, eigene, unerfüllte Bedürfnisse oder ungelöste Lebensprobleme ausleben. Ob es sich um Bedürfnisse nach Anerkennung, nach Nähe, Zuneigung, Zärtlichkeit, um Machtansprüche, unerfüllte Kinderwünsche oder um andere unbewältigte Lebensthematiken handelt – wenn sie auf die Beziehung zu den betreuten Personen übertragen werden, ist das in jedem Fall ein Mißbrauch (auch wenn keinerlei sexuelle Übergriffe im Spiel sind – die leider auch vorkommen).

Probleme ergeben sich auch, wenn dem beruflichen Rahmen und der Funktion der beteiligten Personen nicht die nötige Beachtung geschenkt wird. Wie viele andere Grundsätze, die hier aufgezeigt werden, gilt das nicht nur für den Bereich der Betreuung. Das zeigt ein Beispiel aus der Lehrtätigkeit:

Beispiel 45

In einer Krankenpflegeschule pflegen die Lehrerinnen einen sehr freundschaftlichen Umgang mit ihren Schülern. Sie sind nachsichtig, setzen sie nicht unter Leistungsdruck, gehen verständnisvoll auf persönliche Schwierigkeiten ein, alle duzen sich und sitzen häufig auch außerhalb des Schulbetriebes zusammen. Dann kommen die Prüfungen. Die Schülerinnen fallen aus allen Wolken, als die Lehrerinnen plötzlich nicht mehr soviel Verständnis zeigen, sondern ihre Leistungen unerbittlich beurteilen und benoten. Anstatt von Anfang an klare Forderungen zu stellen, wurde durch einen allzu kameradschaftlichen Umgang die Tatsache verschleiert, daß die Voraussetzung für eine Beziehung von Gleich zu Gleich nicht gegeben war, weil die Lehrerinnen die Schüler zu beurteilen und über ihr berufliches Weiterkommen zu entscheiden hatten.

In dieser Situation wäre etwas mehr Distanz angemessener und für die Schülerinnen letztlich hilfreicher. Es ist ein verhängnisvolles Mißverständnis, die personzentrierte Haltung mit undifferenziertem »Liebsein« zu verwechseln. Kongruenz bedeutet unter anderem auch, den beruflichen Rahmen nicht zu verwischen.

In dieser Arbeit ist eine *verläßliche professionelle Beziehung*, bei der eine gewisse Distanz eingehalten wird, die dafür aber konstant bleibt, viel ehrlicher; sie dient sowohl den Mitarbeitern wie den ihnen anvertrauten Menschen mehr als zu große persönliche Nähe, die sich dann doch nicht aufrechterhalten läßt und plötzlich wieder aufgegeben wird. Es muß allen Beteiligten klar sein, daß es sich um eine berufliche Beziehung handelt, auch wenn diese noch so herzlich, warm und liebevoll ist. Professionell heißt keineswegs kalt und unbeteiligt. Professionell heißt auch nicht mechanisch-routiniert. Professionell heißt, daß für die Betreuer das Wohl und die Entwicklung der Klienten im Vordergrund stehen und nicht eigene Bedürfnisse nach Nähe und Gebrauchtwerden. Das kann durchaus auch bedeuten, daß sich die Betreuerin einem Menschen besonders intensiv zuwendet, solange er das für seine Entwicklung braucht – dazu gehört aber auch, daß sie zu gegebener Zeit den Ablösungsprozeß ermöglicht und unterstützt, so daß keine dauernde Abhängigkeit entsteht. Nur unter dieser Voraussetzung und nur in Ausnahmefällen sind familienähnliche Beziehungsangebote vertretbar.

Professionell heißt:

- Die Beziehung ist dem beruflichen Rahmen und der Funktion der beteiligten Personen angemessen.
- Die Bedürfnisse der Klienten stehen im Vordergrund, ihre Eigenständigkeit wird respektiert und unterstützt.
- In der Beziehung zu den Klientinnen werden eigene Bedürfnisse, Ambitionen und Vorstellungen beiseitegestellt.
- Abhängigkeiten werden abgebaut.

Trotz solcher für alle Bezugspersonen verbindlichen Kriterien bleibt selbstverständlich jede Beziehung individuell geprägt. Keine Beziehung ist wie die andere. Jeder Betreuer hat einen anderen Zugang zu den verschiedenen Persönlichkeiten, mit denen er es in seiner Arbeit zu tun hat, und der fällt ihm bei den einen leichter als bei den anderen, genau wie jeder Klient mit der einen Betreuerin besser und mit der anderen weniger gut zurechtkommt. Das darf aber nicht so weit führen, daß persönliche Sympathien oder Antipathien eine Bevorzugung oder Benachteiligung zur Folge haben. Es geht nicht an – um ein extremes Beispiel anzuführen –, daß in einer Suppenküche für Obdachlose ein äußerst schwieriger, verwahrloster und ständig herumschimpfender Mann bei den einen Mitarbeitern eine Suppe bekommt und bei den anderen nicht.

Nicht persönliche Normen des Wohlverhaltens dürfen ausschlaggebend sein, das Handeln sollte vielmehr durch klar definierte, für alle Beteiligten durchschaubare und verbindliche Rahmenbedingungen bestimmt sein. Nur so ist Kontinuität und eine gewisse Sicherheit für die Klientinnen gewährleistet. Wenn ein *kontinuierliches* Beziehungsangebot besteht, wenn die Menschen darauf vertrauen können, daß *alle Mitarbeiterinnen im gleichen Sinne arbeiten*, dann werden sie auch den häufigen Wechsel der Bezugspersonen besser verkraften können, mit dem sie immer wieder konfrontiert sind, sei es aufgrund der Arbeitszeiten, sei es durch Mitarbeiterfluktuation.

Anforderungen ...

Welche besonderen Anforderungen stellt – neben den berufsspezifischen Voraussetzungen – personzentriertes Arbeiten an die Mitarbeiter? Die Ansprüche sind sicher nicht grundlegend anders oder grundlegend neu. Aber das personzentrierte Konzept hat andere Prioritäten, die Gewichtung ist eine andere, und das *verändert das Selbstverständnis der Bezugspersonen:* Nicht »Ich weiß, was für die andere Person gut ist«, sondern »Ich versuche, sie dabei zu unterstützen, für sich den besten Weg zu finden«. Es geht viel weniger um »Machen« als um »Ermöglichen«. Aus diesem Grund ist die Leistung der Betreuerinnen oft weniger deutlich sichtbar – und das ist nicht immer einfach, weder für sie selber noch für das Umfeld. Überspitzt ausgedrückt könnte man sagen: Je entbehrlicher der Betreuer erscheint, desto besser ist seine Arbeit. Nicht das, was er sichtbar tut, ist entscheidend, sondern das, *was er den Menschen, die er betreut, ermöglicht.* Das ist ein unvertrautes Kriterium, an das man sich erst gewöhnen muß. Daß diese Aufgabe sehr viel anspruchsvoller sein kann als das Durchsetzen eigener Vorstellungen, ist nicht auf den ersten Blick erkennbar.

Das heißt allerdings nicht, daß die Betreuerinnen ihre kreativen Fähigkeiten und was sie an Methoden gelernt haben, nicht nutzen könnten. Diese bleiben jedoch im Hintergrund, sie stehen als Möglichkeiten zur Verfügung, die nur dann eingesetzt werden, wenn es sich aus der Situation und den persönlichen Bedürfnissen der Klienten ergibt. Nicht die Methode, die möglichst häufig angewendet werden muß, steht im Vordergrund, sondern die Person, bei der diese Methode vielleicht sinnvoll sein kann, vielleicht aber auch nicht oder vielleicht zu einem ganz anderen

Zeitpunkt, als es sich die Bezugsperson vorgestellt hat. Dieser entscheidende Unterschied wird in der Arbeit der Psychologin Barbara Krietemeyer mit der schwer behinderten Laura S. auf eindrückliche Weise sichtbar.[12]

Einfühlung, Sensibilität und Interesse für andere Menschen sind unentbehrliche Grundlagen für diese Arbeit. Sie sind die Voraussetzung, um auf das Erleben der Klienten eingehen, sie ernstnehmen und ihre Sprache finden zu können. Auf Entwicklungsmöglichkeiten vertrauen, erfordert *Beweglichkeit* und die Bereitschaft, nicht an dem festzuhalten, was man vom anderen schon weiß, sondern offen zu sein für Veränderungen, für neue und unerwartete Verhaltensweisen. *Einfühlende Phantasie* ist gefragt, wenn für die betreuten Personen Angebote entwickelt werden sollen, die ihnen neue Erfahrungen ermöglichen, sie im selbständigen Handeln unterstützen und ihnen Entscheidungsspielräume öffnen.

Eigenständigkeit unterstützen heißt auch, *sich von eigenen Vorstellungen und Bildern lösen können.* Wahlmöglichkeiten anbieten heißt auch, *Wahlen akzeptieren, die man selber nicht treffen würde.* Dem anderen Menschen Verantwortung zutrauen heißt auch, *Verantwortung abgeben.* Gerade das fällt vielen Menschen, die im sozialen Bereich tätig sind, schwer. Sie sind so gewohnt, für andere zu denken und zu handeln – und müssen das in vieler Hinsicht ja auch –, daß sie dazu neigen, *alle* Verantwortung zu übernehmen, und die – vielleicht winzig kleinen – Bereiche nicht erkennen, wo das nicht erforderlich ist. Nicht nur schränken sie dadurch die ihnen anvertrauten Menschen mehr als nötig ein, sie überlasten und überfordern sich auch selber. Das ist einer der Faktoren, die zu Burnout-Erscheinungen führen.

Ein weiterer Faktor ist der unglaubliche Verschleiß an Zeit und Energie durch ebenso unnötige wie destruktive Machtkämpfe, wenn Mitarbeitende auf Biegen und Brechen irgendwel-

---

[12] Siehe Kapitel 12: »Ein hoffnungsloser Fall?«

che Vorstellungen durchsetzen wollen, die sie gut finden, die aber bei den Bewohnern nicht ankommen. Ein verbreitetes Beispiel dafür sind Tischrituale, denen sich manche Bewohnerinnen partout verweigern und die trotzdem erzwungen werden, auch wenn das Essen kalt wird, alle sich ärgern und einige aggressiv werden. So wird jede Mahlzeit – anstatt zur angenehmen Zäsur im Tagesablauf – zum Kampfplatz. Solche absurden Erziehungsversuche haben in der Betreuungsarbeit wirklich nichts zu suchen, sondern sind eine unverantwortliche Verschwendung von Zeit und Arbeitskraft, also von Ressourcen, die dann für andere, wesentlichere Aufgaben fehlen. Dabei ist es in Zeiten, in denen die Mittel knapp sind, ganz besonders notwendig, sich auf wesentliche Aspekte der Betreuung zu besinnen, anstatt durch sinnlose Maßnahmen die Lebensqualität von Bewohnern wie Betreuerinnen zu beeinträchtigen.

Die personzentrierte Haltung verlangt nicht nur Einfühlung, sondern auch Kongruenz, und das stellt vor allem *Anforderungen an den Betreuer als Person.* Dazu gehört die Bereitschaft, sich und seine Arbeit zu reflektieren. Ein Betreuer muß in der Lage sein, den eigenen Anteil an einer Situation zu erkennen und zu verändern, er muß eigene Vorstellungen, Neigungen, Ängste, Probleme, Reaktionen und Anliegen bewußt wahrnehmen und von denen des anderen Menschen trennen können. Eine Betreuerin muß sich bemühen, ihren blinden Flecken auf die Spur zu kommen. Sie muß einigermaßen mit sich im Lot sein und ihr Leben so gestalten können, daß es ihr den nötigen Ausgleich zu ihrer oft aufreibenden Arbeit bietet und eine Basis, wo sie sich regenerieren und auftanken kann. Unter Umständen kann eine Therapie in dieser Hinsicht eine hilfreiche und notwendige Unterstützung bedeuten.

… und Gewinn

Sind die genannten Anforderungen nicht eine Überforderung? Werden die Betreuer, deren Arbeit schon schwierig und anspruchsvoll genug ist, dadurch nicht noch mehr unter Druck gesetzt? Ich glaube, das Gegenteil ist der Fall. Wenn die Klienten erleben, daß die Betreuerin auf sie eingeht, wenn sie sich verstanden fühlen, sind sie zufriedener und kooperativer. Es gibt weniger Machtkämpfe, widerspenstiges und aggressives Verhalten nehmen ab, und das wiederum entlastet die Bezugspersonen. Es ist eine erhebliche Erleichterung, wenn zum Beispiel ein schwer behinderter Mensch weniger häufig einkotet oder weniger oft um sich schlägt. Auch die Gefahr, daß überforderte, entnervte, überlastete Betreuerinnen gewalttätig reagieren, wird geringer.

Gerade die Notwendigkeit, sich mit sich selber auseinanderzusetzen, ist nicht nur eine Anforderung, sondern auch ein Gewinn, eine *Chance für die persönliche Entwicklung und für den sorgsamen Umgang mit sich selber.* Das bewußte Wahrnehmen und Zulassen der Gefühle – auch der negativen – hilft unter anderem auch, Überforderung rechtzeitig zu erkennen und etwas dagegen zu tun. Zudem werden Kräfte freigesetzt, die zuvor durch das Blockieren dieser Gefühle gebunden waren.

Die personzentrierte Haltung ist nicht nur gegenüber anderen Menschen wirksam, sondern auch in der Beziehung zu sich selber. Sich selbst so zu akzeptieren, wie sie sind, mit allen Schwächen und Vorzügen, ist für die Betreuer genauso wichtig wie die Fähigkeit, den Klientinnen mit dieser Haltung zu begegnen. »Nicht die Defizite sind entscheidend, sondern die Ressourcen« – das gilt auch für die Betreuerinnen. Personzentriert arbeiten bedeutet auch für sie selber eine Chance, ihre Ressourcen zu entdecken und zu nutzen, um angemessen auf die ihnen anvertrauten Menschen einzugehen und sie besser verstehen zu können, aber auch, um sich selbst die Arbeit zu erleichtern und sie – im gegebenen Rahmen – so zu gestalten, wie es ihnen am besten entspricht. Es gibt Situationen, in denen es notwendig und legitim ist, sich zu fragen: Was kann ich tun, um sie für mich erträglicher zu machen? Entscheidend ist allerdings, daß der Betreuer ehrlich dazu steht und nicht vorgibt, es geschehe zum Besten des anderen. Auch das gehört zur Kongruenz.

Sich zurücknehmen heißt nicht, sich durch Tabus und Beschränkungen einzuengen und zu behindern. Es bedeutet vielmehr, gleichsam einen Schritt zurückzutreten und dadurch mehr Raum zu schaffen, nicht nur für die andere Person, sondern auch für sich selber. Neue Perspektiven tun sich auf, und frische Impulse werden frei, die das tägliche Einerlei auflockern. Der veränderte Blickwinkel hilft, die Routine zu durchbrechen – auch wenn sicher nicht jeder Tag die große Überraschung bringt. Die Umorientierung ist vielleicht zu Anfang nicht ganz einfach, aber längerfristig – davon bin ich überzeugt – bringt sie für die Betreuer sowohl Entlastung als auch Bereicherung. Das Suchen nach neuen Wegen, die Offenheit für Entwicklungsmöglichkeiten, die Abkehr von der Routine machen die Arbeit spannender und befriedigender.

Das wird auch in der Schilderung von Maria Schmucki deutlich, die im Bereich der Altenpflege mit Validation arbeitet, einer Methode, die viele Parallelen zum personzentrierten Konzept aufweist. Sie hat darüber eine Arbeit geschrieben.[13] Im Gespräch sagt sie: »Da ist zum Beispiel diese sehr verschlossene Frau, irgendwie verbittert, sie ist völlig passiv, da besteht die Gefahr, daß wir alles für sie machen und sie zum Objekt wird. Das widerstrebt mir, macht mich unzufrieden. Wenn ich aber merke: Da ist sie, und da bin ich, und sie ist ein Mensch wie ich, wenn ich sie einbeziehe, sie anschaue und anspreche und sage, was ich mache, dann schaut sie mich manchmal auch an, und es passiert etwas. Es ist Begegnung möglich, und ich bin viel zufriedener in meiner

[13] Schmucki (1994). Zu Validation siehe auch Kapitel 11.

Arbeit. Wenn ich einen Zugang finde zu jemandem, wenn eine Beziehung entsteht, das gibt auch mir sehr viel.«

Harry Hulskers, der als Pflegeberater im Krankenhaus unter anderem die Aufgabe hat, die Pflegepersonen mit humanistischen Pflegekonzepten vertraut zu machen, bestätigt diese Erfahrung: »Die Pflege wird lebendiger, die Arbeit wird als interessanter empfunden. Es ist nicht befriedigend, Patienten nur mit Diagnose oder Operation in Verbindung zu bringen.«

Häufig wird befürchtet, daß im Berufsalltag die Zeit fehle, um so zu arbeiten. Das ist ein Trugschluß. *Personzentriert arbeiten bedeutet nicht mehr Zeitaufwand, sondern im Endeffekt wahrscheinlich weniger.* Eine Minute Zuhören bringt sowohl dem Klienten als auch der Betreuerin mehr, als eine Viertelstunde halbherzig anwesend zu sein, mit den Gedanken schon bei der nächsten Verpflichtung. Unendlich viel Zeit und Energie werden durch Mißverständnisse und sinnlose Machtkämpfe verschwendet. Sich im Augenblick voll auf einen Menschen zu konzentrieren und sich dann dem nächsten für einen Augenblick voll zuzuwenden, das braucht nicht mehr Zeit, sondern verlangt vielmehr, mit der zur Verfügung stehenden Zeit anders umzugehen. Die Prioritäten werden anders gesetzt: Das Eingehen auf die Person hat Vorrang vor Verrichtungen, die genausogut auf den nächsten Tag verschoben oder auch einmal etwas weniger gründlich erledigt werden können.

Maria Schmucki sagt dazu: »Zum Beispiel ist es nicht nötig, in den Krankenheimen die Leute jeden Tag ganz zu waschen. Nur wenn jemand das will, ist es sinnvoll. Die meisten möchten das gar nicht. Und es braucht soviel Energie und Zeit. Dabei kann man das Waschen auf verschiedene Tage aufteilen oder vielleicht einmal in der Woche ein Bad oder eine Dusche geben und täglich nur das tun, was wirklich nötig ist. Das bringt sehr viel Zeit.«

Und es ist ihr bewußt geworden, wie entscheidend dabei ihre innere Haltung ist: »Wenn ich selber Ruhe zulasse, hat sie auch Raum. Das geht, das verändert, das wirkt sich aus. Ich darf mich nicht hineinziehen lassen in die Hektik. Wenn ich ruhig und gelassen bin, kann ich viel besser wahrnehmen, was um mich herum vor sich geht, und kann besser auf den anderen eingehen. Im Anfang habe ich mich angepaßt und mich hetzen lassen. Aber dann habe ich angefangen, die Arbeit so zu machen, wie ich es für gut befand, und das Verrückte war: Es wurde alles viel entspannter, und ich bin trotzdem fertiggeworden und habe nicht mehr Zeit gebraucht. Ich habe mit einer anderen Haltung gearbeitet. Das gab eine solche Beruhigung und war viel befriedigender. Mir hat das sehr viel gegeben, mit diesem Ansatz zu arbeiten. Und auch den Kolleginnen, die es damit versucht haben, hat es viel gegeben.«

Entspannte, motivierte Mitarbeiterinnen und zufriedene Bewohner sind auch für die Institution ein Gewinn, und sie tut gut daran, Arbeitsweisen zu unterstützen, die dem förderlich sind. Denn in welcher Form und in welchem Ausmaß personzentriert gearbeitet werden kann, hängt weitgehend davon ab, welchen Stellenwert dieses Konzept in der Institution hat.

7 Der Stellenwert des Konzepts in der Institution

bestimmt den Rahmen, in dem personzentrierte Arbeit stattfinden kann, und den Spielraum, über den sie verfügt.

Am wirkungsvollsten ist es, wenn die *gesamte Institution* in das Konzept einbezogen wird und *alle Mitarbeitenden*, auch die Geschäftsleitung und die Führungskräfte der verschiedenen Stufen und Bereiche, auf personzentrierter Grundlage arbeiten. So lassen sich Kontinuität und eine gemeinsame Basis am besten verwirklichen. Diese ist nötig, um – vor allem auch bei Mitarbeiterwechseln – eine konstante, zuverlässige Qualität der Betreuung zu gewährleisten.

Oft treten Mitarbeiter eine neue Stelle mit viel Enthusiasmus an, sie bringen vielfältige pädagogische Vorstellungen mit, die sie – in bester Absicht – sofort in die Institution einbringen und bei den Bewohnerinnen anwenden möchten. Das führt selten zu den gewünschten Ergebnissen. Mitarbeiterinnen, die schon länger da sind, stehen solchen Versuchen meist skeptisch gegenüber. Und die Bewohner reagieren im allgemeinen mit Verwirrung und Rückzug, wenn sie plötzlich mit neuen Ideen konfrontiert sind, die nicht aus ihrem persönlichen Bezugsrahmen heraus entwikkelt wurden. Sie sperren sich dagegen, die neue Betreuerin ist enttäuscht, kämpft vielleicht eine Zeitlang und gibt dann resigniert auf.

Mit einem klar vertretenen, für alle gleichermaßen verbindlichen Konzept kann die Institution solchen Enttäuschungen vorbeugen. Stellenbewerber erfahren genau, was von ihnen erwartet wird, und können entscheiden, ob sie sich darauf einlassen und die Stelle antreten wollen oder nicht. Wenn eine Institution ihre Arbeit konsequent auf dem personzentrierten Konzept aufbaut, wenn die beschriebenen Grundlagen der Leitfaden sind, an dem sich die Mitarbeiterinnen orientieren können, dann lassen sich manche kontraproduktiven und demotivierenden Experimente vermeiden, mit denen unnötig viel Energie und »Goodwill« verschlissen wird, sowohl auf seiten der Betreuer wie auf seiten der Bewohnerinnen. Für die Bewohner ist das Konzept eine Gewähr, daß neue Mitarbeiterinnen nicht alles auf den Kopf stellen. Für die Mitarbeitenden steckt es den Rahmen ab, in welchem sie ihre Energie und ihre Ideen sinnvoll einsetzen können. Zu wissen, woran sie sind, erspart allen Beteiligten manche Enttäuschung und manchen aufreibenden und unnötigen Konflikt.

Im Sinne der Organisationsentwicklung ist es daher wünschenswert, für alle Bereiche und auf allen Ebenen ein – auf die jeweiligen Rahmenbedingungen zugeschnittenes – personzentriertes Konzept zu erarbeiten, also auch auf der Führungsebene.

Was heißt »personzentriert arbeiten« für die Führungskräfte?

Was heißt »personzentrierte Haltung« für die Führung einer Institution, die nach diesem Konzept arbeiten will? Läßt sich »führen« überhaupt mit personzentrierten Prinzipien vereinbaren? Inwieweit gelten die beschriebenen »Handlungsgrundlagen« und »Richtlinien für den Alltag« auch für Führungskräfte? Und wie lassen sie sich im Rahmen von Führungsaufgaben konkret umsetzen?

Im Sinne der Glaubwürdigkeit müssen die Grundlagen des personzentrierten Ansatzes auf allen hierarchischen Stufen gelten. Wie sie im einzelnen zu verwirklichen sind, richtet sich nach der jeweiligen Funktion und Aufgabe. Ein spezifisch auf Begleitung und Betreuung ausgerichtetes Konzept läßt sich nicht eins zu eins auf Mitarbeiterführung übertragen. Die Grundprinzipien müssen entsprechend den unterschiedlichen Anforderungen verschiedener Funktionen unterschiedlich umgesetzt werden.

Empathie, Wertschätzung und Kongruenz sind auch für die Führung von Mitarbeitern entscheidend. Nur wenn die Führungskräfte den Mitarbeitern gegenüber *diese Haltung vorleben,* kann sie von diesen auch gegenüber den Bewohnerinnen erwartet werden. Die Rahmenbedingungen der Mitarbeiter unterscheiden sich jedoch von denen der Bewohner. Für die *Bewohnerinnen* ist die Institution das *Zuhause,* in dem sie sich *wohlfühlen* sollen. Sie muß ihnen bestmögliche Lebensbedingungen und Entwicklungschancen bieten. Für die *Mitarbeitenden* ist die Institution ein *Arbeitsplatz,* an dem eine *Leistung* von ihnen erwartet wird. Sie muß diese Leistung einfordern und für ein gutes Arbeitsklima und Arbeitsbedingungen sorgen, die dieser förderlich sind.

Empathie bedeutet im Rahmen der Führung, daß Vorgesetzte sich in die Situation der Mitarbeiterinnen versetzen können und offen sind für deren Sichtweisen, daß sie für auftretende Schwierigkeiten Verständnis zeigen und – im Rahmen des Möglichen – die nötige Unterstützung bieten, damit solche Schwierigkeiten überwunden und die gestellten Anforderungen erfüllt werden können. Empathie *beinhaltet nicht,* auf Probleme oder mangelnde Fähigkeiten von Mitarbeitenden soviel Rücksicht zu nehmen, daß deshalb Abstriche bezüglich der Qualität der Betreuungsarbeit oder völlig abweichende, dem personzentrierten Konzept widersprechende Arbeitsweisen in Kauf genommen werden dürfen.

Wertschätzung bezieht sich auf die Person des Mitarbeiters und auf seine fachliche Kompetenz (die ja Voraussetzung für seine Anstellung gewesen sein muß). Wertschätzung *beinhaltet nicht*, daß Arbeitsqualität und Leistung nicht bewertet werden und Anforderungen nicht erfüllt sein müssen.

Kongruenz muß auch die *Rahmenbedingungen einbeziehen*, das heißt die Aufgabe der Institution und die Funktion der beteiligten Personen.

Welche Handlungsgrundlagen und Richtlinien sind auch für Führungsaufgaben relevant?

Das *Gleichgewicht zwischen Rahmen und Spielraum* ist für alle Bereiche von zentraler Bedeutung. Sowohl Vorgesetzte wie Mitarbeitende müssen sich an einen Rahmen halten und benötigen Spielraum, um sinnvolle Arbeit leisten zu können. Beides für die verschiedenen Bereiche und Positionen inhaltlich zu definieren, ist eine Führungsaufgabe. Allgemein gilt: *Der Rahmen ergibt sich aus der Aufgabe* und daraus, *wie* sie zu erfüllen ist – in unserem Fall im Sinne des personzentrierten Konzeptes. Innerhalb dieses Rahmens gibt es *Spielraum für individuelle Gestaltungsmöglichkeiten, persönliche Ressourcen und Fähigkeiten*, die im Sinne der gestellten Aufgabe genutzt werden können und sollen.

Klarheit ist in der Führung besonders wichtig. Rahmen und Spielraum, Kompetenzen und Verantwortlichkeiten der Mitarbeitenden müssen klar umschrieben und ihnen ebenso klar vermittelt werden. Vor allem Verantwortung muß klar und unmißverständlich definiert sein, damit die Mitarbeitenden wirklich wissen, *wofür* sie die Verantwortung haben. Das verbreitete »verantwortlich für die Gesundheit der Bewohnerinnen« zum Beispiel ist viel zu vage und deshalb eine Quelle der Verunsicherung, die häufig zu unverhältnismäßiger Einschränkung der Bewohner führt. Auch Grenzen müssen, wo sie notwendig sind, klar und konkret festgesetzt werden (zum Beispiel bezüglich Gewalt, Nähe und Distanz usw.).

Konkret bleiben ist in diesem Zusammenhang entscheidend. Abstrakte Formulierungen und große Worte wie »Bei uns steht der Bewohner im Mittelpunkt« sind Gemeinplätze, die sehr unterschiedlich ausgelegt werden können. Da klaffen die Vorstellungen manchmal erheblich auseinander. *Konkretheit und klare Information* sind unerläßlich, denn auch hier gilt: Was den Vorgesetzten klar erscheint, ist es nicht immer auch für die Mitarbeiter. Da gibt es oft erstaunliche Diskrepanzen. Entscheidend ist, daß für die gegenseitige Information und Kommunikation geeignete Instrumente zur Verfügung stehen und richtig genutzt werden. Dafür zu sorgen ist eine Führungsaufgabe, die in der Praxis nicht immer ausreichend wahrgenommen wird. Nicht nur muß der Informationsfluß so beschaffen sein, daß Informationen wirklich immer alle erreichen, für die sie bestimmt sind; die Führungskräfte müssen überdies prüfen, ob das, was sie mitteilen wollen, auch ankommt und verstanden wird. Es fällt immer wieder auf, wie verunsichert Mitarbeiter reagieren, wenn im Team gegensätzliche Auffassungen vertreten werden, obwohl die Grundsätze der Arbeitsweise in der betreffenden Institution eigentlich klar vorgegeben wären. Deshalb sollten ihnen leicht zugängliche, unkompliziert zu nutzende Kanäle zur Verfügung stehen, über die sie im Zweifelsfall nachfragen, sich fehlende Informationen holen und genau erfahren können, was von ihnen erwartet wird.

Das *Erleben* der Mitarbeitenden ist zwar *kein zentraler* Faktor in der Führung, doch *es einzubeziehen* ermöglicht den Vorgesetzten einen besseren Zugang zu ihnen, es hilft, sie zu verstehen und bei Schwierigkeiten geeignete Ansatzpunkte für erwünschte Veränderungen zu finden. *Auf das Erleben eingehen* stellt Kontakt her und erleichtert es, Probleme rechtzeitig zu erkennen und die nötigen Schritte zu ihrer Lösung einzuleiten. Es *beinhaltet nicht,* zu akzeptieren, daß die Erlebensweise eines Mitarbeiters die Qualität seiner Arbeit – und damit die Lebensqualität der Bewohnerinnen – ständig beeinträchtigt.

Nicht was fehlt, ist entscheidend, sondern was da ist – dieser Blickwinkel ist auch für Vorgesetzte sinnvoll, weil *ressourcenorientierte Führung* geeignet ist, die Motivation und Arbeitszufriedenheit der Mitarbeitenden zu verbessern, ihre Stärken zu fördern und die Auswirkung ihrer Schwächen zu begrenzen. Das gilt jedoch nur bis zu einem gewissen Grad: Eignung für diese spezifische Arbeit *muß* da sein, Anforderungen *müssen* erfüllt werden. *Im Vordergrund steht die Aufgabe*, nicht das Pflegen eigener Begabungen und Vorlieben. Doch *innerhalb* dieses vorgegebenen Rahmens ist es in jeder Hinsicht sinnvoll – menschlich, ökonomisch und im Sinne der Arbeitsqualität –, wenn die Mitarbeitenden ihre individuellen Ressourcen bestmöglich einsetzen und nutzen können. *Eigenständigkeit* wird insofern unterstützt, als eigenständige Ideen im Rahmen des Konzeptes willkommen sind und ermutigt werden. Zudem sollen Mitarbeitende an Entscheidungsprozessen, die sie betreffen, beteiligt werden.

Ressourcenorientierung ist auch bei der Qualifizierung von Nutzen, weil sich daraus Anhaltspunkte für vorhandenes Potential ergeben, die dem Mitarbeiter aufgezeigt und durch die er zu Verbesserungen angeregt und ermutigt werden kann. *Ermutigung* tut auch Mitarbeitenden gut, motiviert sie, gibt ihnen Vertrauen und ist deshalb notwendig. Doch genauso notwendig ist es, Mängel und nicht oder nur unzureichend erfüllte Anforderungen zu thematisieren, Veränderungsmöglichkeiten zu besprechen und Ziele zu vereinbaren, die erreicht werden müssen.

In diesem Sinne ist auch ein gewisses Maß an *Vertrauen auf Entwicklungsmöglichkeiten* nötig. Doch – anders als Menschen mit geistiger Behinderung, die Entwicklungsschritte machen *können*, aber nicht müssen – *müssen* Mitarbeiterinnen Ziele erreichen, um die an sie gestellten Anforderungen erfüllen zu können. Deshalb sollen Vorgesetze zwar durchaus auch *kleine Schritte* anerkennen – als Hoffnungszeichen und Ansporn für größere, mit denen der *ganze Weg* zurückgelegt werden könnte –, aber sie dürfen sich *nicht mit ihnen begnügen,* wenn sie nicht ausreichen, um der Aufgabe innerhalb nützlicher Frist gerecht zu werden. Notwendige Verbesserungen dürfen nicht zum Nachteil der Bewohnerinnen auf die lange Bank geschoben werden, weil das nicht nur ihr Wohlbefinden beeinträchtigt, sondern auch ihre Verhaltensauffälligkeiten verstärkt oder sogar neue verursacht.

Selbstverantwortung der Mitarbeiter ergibt sich aus der Aufgabe und ist durch Rahmen und Spielraum definiert. Selbstverantwortung bedeutet auch, seinem »Arbeitsinstrument« – also sich selber – Sorge zu tragen, es zu pflegen und das Nötige zu unternehmen, um es voll einsetzen zu können. Entscheidend für

Mitarbeitende ist die *Mitverantwortung* für das Verwirklichen der im Leitbild verankerten Grundsätze und des Konzepts, nach dem gearbeitet wird.

Den eigenen Anteil erkennen ist eine unverzichtbare Voraussetzung für alle Tätigkeiten, die mit Menschen zu tun haben, also auch auf der Führungsebene. Wiederum geht es zum einen um ganz pragmatische Fragen wie: Haben wir Rahmen, Kompetenzen, Verantwortlichkeiten und Freiräume ausreichend klar definiert und auch so kommuniziert? Habe ich mich beim letzten Mitarbeitergespräch mißverständlich ausgedrückt? Habe ich in einer bestimmten Sache überreagiert? Zum anderen ist das grundsätzliche Reflektieren des eigenen Tuns ein Anspruch, der von den Führungskräften ebenso erfüllt werden muß wie von den Mitarbeitenden.

In jedem Fall müssen leitende Mitarbeiter – auch wenn sie selber keine Betreuungsaufgaben übernehmen – mit dem Konzept, nach dem gearbeitet werden soll, gründlich vertraut sein. Sie müssen dessen Handlungsgrundlagen und Richtlinien genau kennen, um die richtigen Anforderungen an die Mitarbeiter stellen, sich ein Bild von der Qualität ihrer Arbeit machen und sie auf sinnvolle Weise unterstützen zu können.

Das Konzept als Führungsinstrument

»Handlungsgrundlagen« und »Richtlinien für den Alltag« sind ein hilfreiches Führungsinstrument, denn sie vermitteln

– *den Mitarbeitern klare Orientierung, wie* die personzentrierte Haltung in den Arbeitsalltag umgesetzt werden kann
– *den Vorgesetzten sinnvolle Kriterien für Qualitätssicherung*[14] im Sinne der *Aufgabe der Institution, Lebensqualität und Wohl-*

---

[14] Siehe S. 128 und 129, Leitfaden 3 und 4.

befinden der Bewohner zu gewährleisten und ihnen entwicklungsfördernde Rahmenbedingungen zu bieten.

Aufgabe der Führungskräfte ist es, im Rahmen ihres Zuständigkeitsbereiches

- *sich für die Verwirklichung des Konzeptes einzusetzen und es glaubwürdig zu vertreten: nach innen* gegenüber ihren Mitarbeiterinnen und Mitarbeitern und *nach außen* gegenüber Öffentlichkeit, Behörden, Angehörigen, im Quartier, im Dorf, in der Nachbarschaft etc. (je nach Ebene und Funktion mehr im einen oder im anderen Bereich)
- *Bedingungen zu schaffen, die der Leistung der Mitarbeiterinnen förderlich sind und es ihnen ermöglichen, das Konzept in die Praxis umzusetzen.*

Was heißt in diesem Arbeitsbereich Leistung? Häufig besteht eine gewisse Unsicherheit, was denn unter »Leistung« zu verstehen sei, besonders wenn nach personzentrierten Grundsätzen gearbeitet werden soll. Ohne es voneinander zu wissen, haben Mitarbeitende und Leitung in dieser Hinsicht manchmal ganz verschiedene Vorstellungen. Deshalb müssen die Führungskräfte den Mitarbeiterinnen klar vermitteln, *welche* Leistung die Institution von ihnen erwartet.

Neben den speziellen Erfordernissen, deren Inhalt in den einzelnen Stellenbeschreibungen festgehalten ist, bedeutet Leistung in der Begleitung von Menschen mit geistiger Behinderung in erster Linie, ihnen *Lebensqualität und Entwicklungsmöglichkeiten zu bieten.* Aus den »Handlungsgrundlagen« und »Richtlinien für den Alltag« können brauchbare Bewertungskriterien für diese Leistung abgeleitet werden. Kriterien, die überprüfbar sind, aber zugleich dem Grundsatz Rechnung tragen: *Leistung heißt in dieser Arbeit nicht »machen«, sondern ermöglichen.* Führungskräfte müssen deutlich vermitteln, daß dieser Aspekt zentral und sehr anspruchsvoll ist. Oft scheuen sich die Mitarbeiter, scheinbar »nichts« zu machen. Sie glauben, ihre Kompetenz durch emsige Aktivität unter Beweis stellen zu müssen, weil sie befürchten, andernfalls als faul oder unfähig eingeschätzt zu werden. Doch bedeutet Leistung nach diesem Grundsatz keineswegs »Nichtstun«, sondern wache und aufmerksame Präsenz, die wesentlich höhere Anforderungen stellt als übereifriger Aktivismus.

Dani Hohler, Leiter Wohnheime und Tagesstätten und Mit-

Leitfaden 3

Beispiele für Qualitätskriterien, die sich aus den Handlungsgrundlagen ableiten lassen:

Gleichgewicht Rahmen – Spielraum

- *Ist der Rahmen den einzelnen Personen angemessen? Zu eng, zu weit?*
- *Bleibt ihnen genügend Spielraum?*
- *Ist er zu groß, zu klein?*

Klarheit

- *Wie klar sind Mitarbeitende*
- *in ihrer Ausdrucksweise und in ihrem Handeln?*

Nicht was fehlt ist entscheidend, sondern was da ist

- *Können Mitarbeitende die Ressourcen eines Menschen erkennen, oder orientieren sie sich vorwiegend an seinen Defiziten wie »Problemverhalten«, Symptomen, Beeinträchtigungen?*

Die kleinen Schritte

- *Können Mitarbeitende kleine Entwicklungsschritte sehen und benennen und der Bewohnerin deutlich machen?*
- *(→ ermutigen → nicht nur auf Ziele fixiert sein)*

Selbstverantwortung

- *In welchen konkreten Punkten*
  - *kann der Bewohner/die Bewohnerin selber entscheiden?*
  - *wird ihm die Verantwortung überlassen?*

Beispiele für Qualitätskriterien, die sich aus den Richtlinien für den Alltag ableiten lassen:

Erfahrungen ermöglichen

- *Ermöglichen Mitarbeitende den Bewohnerinnen genügend eigene Erfahrungen?*
- *Oder neigen sie dazu, für sie zu entscheiden und zu handeln?*
- *Wie werden negative Erfahrungen aufgefangen?*

Auf das Erleben eingehen

- *Verstehen und berücksichtigen Mitarbeitende, wie die jeweilige Situation vom Bewohner erlebt wird?*

Eigenständigkeit unterstützen

- *In welchen konkreten Punkten wird die Eigenständigkeit der Bewohnerin unterstützt und respektiert?*

Überschaubare Wahlmöglichkeiten

- *Welche Wahlmöglichkeiten werden dem Bewohner geboten? Ausreichend? Zu wenig?*
- *Kann der Bewohner sie nutzen? Ist er überfordert?*

Stützen für selbständiges Handeln

- *Werden den Bewohnerinnen die Stützen geboten, die sie brauchen? Sind sie angemessen?*
- *Zu viel? Zu wenig?*

Den eigenen Anteil erkennen

- *Sind Mitarbeitende fähig und bereit, das eigene Handeln zu reflektieren?*

Zuhören / Ernstnehmen / die Sprache des Gegenübers finden

- *Sind Mitarbeitende fähig und bereit, ihre eigene Vorstellungen beiseite zu stellen und sich auf die Welt des anderen Menschen einzulassen?*

glied der Geschäftsleitung der SSBL, versucht, das den Mitarbeiterinnen mit einem Vergleich deutlich zu machen: »Es ist ähnlich wie bei einem Piloten. Der muß sehr qualifiziert sein, viel können und wissen und sich um die notwendigen Voraussetzungen für den Flug kümmern. Aber während des Fluges macht er eigentlich wenig mehr, als äußerst wach und aufmerksam das Geschehen zu verfolgen, Daten aufzunehmen und zu verarbeiten. Sobald diese auf ein notwendiges Eingreifen hinweisen, muß er jedoch blitzschnell – quasi von null auf hundert – aktiv werden, die Situation richtig einschätzen und handeln.«

Teillösungen

Nicht immer ist es möglich, das Konzept von Anfang an gesamthaft einzuführen, vor allem nicht in großen Organisationen, in denen umfassende Veränderungen naturgemäß auf größere Schwierigkeiten stoßen als in kleineren Einrichtungen.

Deshalb müssen realistischerweise auch Teillösungen in Betracht gezogen werden. Es kann durchaus sinnvoll sein, zunächst einmal nur in einer kleineren organisatorischen Einheit – einer Gruppe, einem Haus, einer Abteilung – mit dem personzentrierten Konzept zu arbeiten[15] und damit Erfahrungen zu sammeln, die später genutzt werden können, um weitere Bereiche der Institution einzubeziehen. Voraussetzung ist, daß die Mitarbeiter dieser organisatorischen Einheit sich mit dem personzentrierten Konzept auseinandersetzen, daß sie zu dieser Arbeitsweise ja sagen können und bereit sind, sich in dieser Richtung weiterzubilden. Neue Mitarbeiterinnen müssen über die Arbeitsweise genau informiert werden und gewillt sein, so zu arbeiten.

Vier Faktoren sind ausschlaggebend, damit in einer Institution

---

[15] Siehe dazu auch in Kapitel 10: »Eine psychiatrische Klinik in Belgien«.

sinnvoll mit dem personzentrierten Konzept gearbeitet werden kann:
- Unterstützung durch die Leitung
- sorgfältige Einführung
- klare und sinnvolle Organisationsstrukturen
- Praxisbegleitung (Supervision/Praxisberatung)

Unterstützung durch die Leitung

Gleichgültig, wie groß die organisatorische Einheit ist, die mit diesem Konzept arbeiten will: sie muß von der Leitung unterstützt werden, sonst hat das Konzept wenig Chancen. Die betreffende Einrichtung muß grundsätzlich ein humanistisches Menschenbild bejahen können. Die Leitung muß die personzentrierten Grundlagen kennen und von ihrer Bedeutung für die praktische Arbeit überzeugt sein. Sie muß die Mitarbeiter bei der Orientierung an Handlungsgrundlagen und Richtlinien für den Alltag unterstützen und ihnen die nötigen Hilfen (Supervision, Praxisbegleitung, Fortbildungsmöglichkeiten) zur Verfügung stellen.

Auch im Falle von Teillösungen muß die Leitung das personzentrierte Konzept klar vertreten können, sowohl nach außen – Angehörigen, Behörden, Aufsichtsgremien gegenüber – wie nach innen. Transparenz ist entscheidend, besonders wenn in einer größeren Einrichtung zunächst nur in einem Teilbereich nach diesem Konzept gearbeitet wird. Auch die vorerst nicht beteiligten Bereiche müssen Bescheid wissen, worum es geht. So kann Mißtrauen abgebaut und Aufgeschlossenheit gegenüber Veränderungen gefördert werden. Einen wesentlichen Anteil daran hat die

Sorgfältige Einführung

Sie kann entscheidend dazu beitragen, Widerstände und Ängste zu verringern und die Mitarbeiter zu motivieren und zu unterstützen. Je nach Art und Größe der Einrichtung, ihrer Struktur, ihren Rahmenbedingungen und nicht zuletzt den beteiligten Personen gibt es dafür ganz verschiedene Möglichkeiten.[16] Denkbar ist das zum Beispiel in folgender Form:

1. Eine Informationsveranstaltung für alle Mitarbeiter, in welcher das personzentrierte Konzept vorgestellt und diskutiert wird. Auch vorerst nicht beteiligte Mitarbeiterinnen sollen wissen, um was es geht, und sich dazu äußern können.
2. Ein Einführungskurs für die Mitarbeiter der beteiligten Organisationseinheit, in dem ein auf deren spezifische Bedürfnisse und Rahmenbedingungen zugeschnittenes Konzept entwickelt und die Umsetzung in die Praxis eingeübt wird.
3. Interne Weiterbildungstage, an denen das Gelernte und im Alltag Erprobte diskutiert, überprüft, weiterentwickelt und wo nötig modifiziert werden kann.

Trotzdem werden Konflikte und Spannungen nicht ausbleiben, wenn in einem Bereich der Institution so und im anderen anders gearbeitet wird, besonders dann, wenn die gleichen Bewohner es mit verschiedenen Bereichen zu tun haben, zum Beispiel Werkstätte und Wohngruppe. Diesen Schwierigkeiten müssen sich die Mitarbeiterinnen stellen und sie miteinander besprechen. Es müssen Abgrenzungen gefunden werden, die für die beteiligten Bereiche akzeptabel und für die Bewohnerinnen zumutbar sind. Klare und der realen Situation angepaßte Strukturen sind dabei eine große Hilfe.

---

[16] Siehe dazu auch die Beispiele auf S. 141–147.

Klare und sinnvolle Strukturen

sind ausschlaggebend für das gute Funktionieren einer Institution. Auch auf dieser Ebene müssen Rahmen und Spielraum klar definiert und durchschaubar sein. In sozialen Einrichtungen wird das häufig vernachlässigt. Es besteht eine Tendenz zu Verschwommenheit und Unübersichtlichkeit, vielleicht aus der Sorge heraus, nur ja nicht autoritär zu wirken. Klar ist jedoch keineswegs gleichbedeutend mit autoritär. Patriarchalisch- (oder matriarchalisch-)autoritäre Strukturen sind in jedem Fall kontraproduktiv, wenn es darum geht, Lebensbedingungen zu bieten, in denen Menschen sich wohlfühlen und im Rahmen ihrer Möglichkeiten weiterentwickeln können. Die Abkehr von autoritären Strukturen – die vielerorts, wenn auch längst noch nicht überall, stattgefunden hat – ist nicht nur erstrebenswert, sondern dringend notwendig.

Doch es ist genauso kontraproduktiv, bestehende Strukturen und Hierarchien zu verwischen oder so zu tun, als gäbe es sie nicht. Auch da, wo sie auf ein Minimum beschränkt sind: Hierarchien sind vorhanden, sie ergeben sich aus unterschiedlichen Verantwortlichkeiten. Sie zu verschleiern, wie das in sozialen Einrichtungen häufig geschieht, bewirkt lediglich, daß man ihnen um so mehr ausgeliefert ist. Nur wenn hierarchische Strukturen klar und durchschaubar sind, können sie konstruktiv und kooperativ gehandhabt werden. Jede Mitarbeiterin muß ihre Kompetenzen und Verantwortlichkeiten genau kennen, um sinnvoll arbeiten zu können. Es ist immer wieder erstaunlich, wie oft das nicht der Fall ist.

Erschwerend wirkt sich auch aus, *wenn Strukturen nicht den realen Gegebenheiten entsprechen.* So ist Teamleitung grundsätzlich eine gute Sache, vor allem wo es um die Betreuung kleiner Gruppen geht. Aber sie ist nur dann sinnvoll, wenn in einem Team tatsächlich alle in etwa auf dem gleichen Stand sind und in gleichem Ausmaß Verantwortung übernehmen können.

Beispiel 46
Das Team einer kleinen Außenwohngruppe besteht aus zwei Personen sowie den Ferienvertretungen. Die beiden Betreuer sollen die Gruppenleiterfunktion gleichberechtigt als Team wahrnehmen. Nun ist aber in dieser Gruppe ein Mitarbeiter seit sechs Jahren tätig, während die zweite Mitarbeiterin innerhalb eines Jahres zweimal gewechselt hat. Sehr rasch gibt es Schwierigkeiten, weil der langjährige Mitarbeiter allein schon durch seine Erfahrung einen großen Vorsprung hat und faktisch die Leiterposition einnimmt. Zudem ist er wenig motiviert, sich innerhalb kurzer Zeit immer wieder auf eine neue Person und ihre Ideen einzulassen. Die neue Mitarbeiterin ihrerseits möchte sich in ihrer leitenden Funktion behaupten, merkt jedoch deutlich, daß ihr Kollege besser Bescheid weiß und sie auf seine Unterstützung und auf seine Informationen angewiesen ist. Die zwiespältige Situation verunsichert beide, es gibt Spannungen und Rivalitäten, die unnötig viel Energie verschleißen.

Eine klare und der Realität angemessene Struktur wäre hier zum Beispiel: Im ersten Jahr hat der alteingesessene Mitarbeiter die Leitung und die Aufgabe, die neue Mitarbeiterin einzuführen, damit sie die Gegebenheiten kennenlernen und sich einarbeiten kann. Erst nach einem Jahr übernehmen beide die Gruppenleitung als Team gemeinsam.

Oftmals bedeutet »Teamleitung«, daß dem Team selber überlassen wird, wie es sich strukturiert. Das erfordert *sehr klare Absprachen und Kompetenzabgrenzungen zwischen den Teammitgliedern,* damit sie nicht ständig über unterschiedliche Auffassungen ihrer Kompetenzen und Pflichten stolpern oder gegenseitig von unausgesprochenen Erwartungen ausgehen. Manchmal ist es notwendig, daß die Mitarbeiterinnen von der Leitung *klare Strukturen verlangen,* wenn solche fehlen und sie sich über gewisse Bedingungen – beispielsweise verbindliche Präsenzzeiten oder genaue Verantwortlichkeiten – entweder nicht im klaren oder aber uneinig sind.

Damit Strukturen eine konstruktive Funktion erfüllen, müssen sie nicht nur klar sein und den realen Gegebenheiten entsprechen, sondern auch *dem Sinn und Zweck der Institution dienen.* Sinn und Zweck sozialer Einrichtungen ist es, den Menschen, die sie beherbergen, möglichst gute Lebensbedingungen zu bieten. Die Realität sieht oft anders aus: Priorität hat der reibungslose Betriebsablauf, das Wohl der Menschen kommt an zweiter Stelle. Das nachstehende krasse Beispiel ist leider nicht erfunden:

Beispiel 47

Maria und Walter L., beide über achtzig, haben ihre Wohnung aufgegeben und sind in ein (sehr teures) privates Alters- und Pflegeheim umgezogen. Dort verfügt das Ehepaar über zwei Zimmer, die sie mit ihren eigenen Möbeln möblieren können. Beide sind nicht pflegebedürftig. Trotzdem verbietet die Hausordnung, daß sie das eine Zimmer als Schlaf- und das andere als Wohnzimmer einrichten. Maria und Walter L. müssen sich nach mehr als fünfzig Ehejahren, in denen sie immer ein gemeinsames Schlafzimmer hatten, gegen ihren Willen damit abfinden, von jetzt an getrennt zu schlafen.

Erleichterungen im Arbeitsablauf und andere organisatorische Argumente sind keine Rechtfertigung dafür, Menschen in so persönlichen Fragen das ihnen zustehende Recht der eigenen Entscheidung zu nehmen. Strukturen wie eine solche Hausordnung widersprechen dem Sinn und Zweck eines Alters- und Pflegeheimes. Sie pervertieren zu Instrumenten der Willkür, welche den Bewohnern das Leben unnötig erschweren und sich im Endeffekt – davon bin ich überzeugt – auch für die Institution selber nachteilig auswirken. Unglückliche und unzufriedene Bewohner erleichtern den Mitarbeitern die Arbeit mit Sicherheit nicht.

Hingegen können geringe organisatorische Veränderungen,

zum Beispiel eine sinnvolle Anpassung der Arbeitspläne, die Arbeit ganz wesentlich erleichtern und unterstützen. Maria Schmucki hat das erfahren: »Es war früher auf einigen Stationen dieses Krankenheims so, daß ab halb zwölf Uhr oft nur noch eine Pflegeperson da war. Das hat uns unheimlich unter Druck gesetzt, weil soundso vieles bis halb zwölf erledigt sein mußte. Dann wurden endlich die Pläne geändert, so daß wir bis zwölf Uhr immer mindestens zu zweit waren. Das brachte eine große Beruhigung, ohne daß es mehr Mitarbeiter brauchte oder jemand längere Arbeitszeiten hatte, es wurde lediglich anders eingeteilt.«

Im Rahmen dieses Buches können keine Organisationskonzepte für soziale Institutionen entworfen werden. Die Beispiele sollen lediglich auf den engen Zusammenhang zwischen den Organisationsstrukturen einer Einrichtung und dem Wohlbefinden sowohl von Bewohnern wie auch Mitarbeitern hinweisen und verdeutlichen, wie wichtig es ist, daß diese Strukturen klar und der Aufgabe angemessen sind.

Praxisbegleitung

Menschen, die mit Menschen arbeiten, müssen sich mit ihrem Tun auseinandersetzen, es überprüfen und reflektieren. Das ist eine Forderung, auf der soziale Institutionen bestehen und für die sie die geeigneten Instrumente zur Verfügung stellen sollten. Supervision oder Praxisberatung ist eine Notwendigkeit für die Arbeit in diesen Bereichen, doch stößt ihre Durchsetzung oft auf große Schwierigkeiten. Dieses Dilemma hat auch Petr Ondracek als Heimleiter erlebt und schildert das sehr anschaulich.[17] Das Dilemma besteht darin, daß die Institution einerseits Supervision als notwendigen Bestandteil der Arbeit zur Bedingung machen sollte, daß sie diese aber auf der anderen Seite nicht gegen den

---

[17] Siehe Abschnitt 2 in Kapitel 10: »Ein Kinderheim im Ruhrgebiet«.

Willen der Mitarbeiter durchsetzen kann, sondern angewiesen ist auf ihre Bereitschaft und Motivation, sich an diesem Prozeß zu beteiligen. Supervision kann zwar angeordnet und als obligatorisch erklärt werden, aber das wirkliche Mitmachen der Mitarbeiter läßt sich nicht erzwingen. Ein einziger Mitarbeiter, der sich passiv verweigert, kann den ganzen Prozeß gefährden oder blockieren, was sich in der Folge auch auf die Motivation der anderen lähmend auswirkt.

»Supervision« – obschon im deutschsprachigen Raum fest eingebürgert – ist kein sehr glücklicher Begriff. Das Wort stammt aus dem Englischen und heißt eigentlich: Beaufsichtigung, Aufsicht, Kontrolle. Ob es auch mit dieser Herkunft zusammenhängt, daß Ängste und Widerstände in bezug auf Supervision bei Mitarbeitern sozialer Institutionen so verbreitet sind? Menschen, die sich auf fruchtbare Weise mit ihrer Arbeit auseinandersetzen, Probleme erkennen und Lösungswege finden sollen, bedürfen nicht der Kontrolle, sondern der beratenden Begleitung durch eine außenstehende Person.

Der Begriff »Praxisberatung« ist eindeutiger und zutreffender und verdeutlicht zudem, daß es um die berufliche Praxis geht, nicht um persönliche Probleme. Gewiß läßt sich das nicht immer ganz scharf trennen. Persönliche Probleme spielen in die Arbeit hinein und können sie behindern. Praxisberatung dient auch dazu, solche Zusammenhänge zu erkennen, aber sie ist nicht der Rahmen, um persönliche Probleme zu bearbeiten. Die Supervisorin kann auf diese Zusammenhänge hinweisen, allenfalls auch auf die Notwendigkeit und auf geeignete Möglichkeiten, diese Problematik zu bearbeiten, aber sie sollte niemals im Rahmen der Praxisberatung ausführlich darauf eingehen oder gar »nachbohren«. Die Privatsphäre der Mitarbeiter muß respektiert werden. Daß dieses Prinzip nicht immer befolgt wird, ist ein weiterer Grund, warum viele Menschen sich so hartnäckig gegen Supervision sperren. Nicht wenige haben in dieser Hinsicht schlechte Erfahrungen gemacht. Supervision/Praxisberatung sollte jedoch

Hilfe, Unterstützung, Anregung, Entlastung bedeuten, nicht Bedrohung. Sie steht immer im Zusammenhang mit der zu erfüllenden Aufgabe und mit der Zusammenarbeit im Team. Sie ist kein Instrument zum Austragen von privaten Problemen, Zwistigkeiten oder Animositäten, die keinen Bezug zur Arbeit haben.

Dafür trägt der Berater die Verantwortung, er muß durch die Art und Weise seiner Arbeit die erforderliche Vertrauensbasis schaffen und darf den Rahmen nicht aus dem Blick verlieren. Aufgabe der Institution ist es, die geeigneten Rahmenbedingungen anzubieten. Supervisorinnen sollten von außen kommen, schon um des anderen Blickwinkels willen, aber auch wegen der Unabhängigkeit von den hierarchischen Strukturen der Institution. Vertraulichkeit ist selbstverständlich; dafür, daß sie gewährleistet ist, sind alle Beteiligten gemeinsam verantwortlich.

Ein weiteres Problem von Supervision und Praxisberatung besteht darin, daß sie in der Regel viel zu spät beansprucht wird. Oft verlangt ein Team erst dann nach Beratung, wenn das Problem so eskaliert, die Situation so verfahren ist, daß sie nicht mehr aus noch ein wissen und alle Nerven blank liegen. Das ist keine gute Ausgangslage. Die Beratung wird dann zu einer Art »Feuerwehrübung«, die abgebrochen wird, sobald es wieder einigermaßen geht. Auf diese Weise lassen sich kaum fundierte, differenzierte und nachhaltige Lösungen erarbeiten. Um das zu erreichen, sollte Beratung oder Supervision den Arbeitsprozeß über einen gewissen Zeitraum kontinuierlich begleiten. Relativ ruhige Phasen eignen sich besonders gut, um zu reflektieren, sich über Gelungenes und weniger Gelungenes klar zu werden, über mögliche Verbesserungen und notwendige Veränderungen nachzudenken und um zu versuchen, diese sorgfältig und behutsam zu verwirklichen. Ich finde, daß der Begriff *Praxisbegleitung* den Anforderungen am besten entspricht. Praxisbegleitung sollte die Reflexion des eigenen und gemeinsamen Tuns ermöglichen und erleichtern, sollte den Beteiligten helfen, bei sich selbst und gegenseitig zu akzeptieren, daß sie nicht perfekt sind, daß Fehler passieren und sie ihre

Arbeit nicht immer so tun, wie sie es eigentlich gerne möchten. Sie sollte außerdem die Erfahrung vermitteln, daß solche Fehler offen besprochen werden können, daß man daraus lernen, andere Wege finden, neue Erfahrungen machen und seinen Handlungsspielraum erweitern kann. Praxisbegleitung ist unter anderem auch eine Form der Weiterbildung und verdient schon deshalb sorgfältige Unterstützung durch die Institution.

Was kann der einzelne Mitarbeiter tun?

Welche Möglichkeiten bleiben Mitarbeiterinnen, die personzentriert arbeiten möchten, wenn die erwünschten Voraussetzungen nicht gegeben sind? Haben sie überhaupt eine Chance, wenn nicht die ganze Einrichtung oder wenigstens der Bereich, in dem sie tätig sind, nach diesem Konzept arbeitet? Ihr Spielraum ist in diesem Fall klein. Doch gibt es auch in einem begrenzten Rahmen Möglichkeiten, sich an personzentrierten Grundsätzen zu orientieren.

Was vor allem bleibt, ist *die personzentrierte Grundhaltung*, es bleibt das, was ich »die Achtung vor dem Unbekannten im anderen Menschen« nennen möchte, die Offenheit für unerwartete Verhaltensweisen und Entwicklungsmöglichkeiten, das Zuhören, das Ernstnehmen, das Eingehen auf das Gegenüber. Auch wenn die Strukturen wenig Raum lassen, bleiben vielleicht doch da und dort winzige Möglichkeiten, den anderen Menschen selber entscheiden zu lassen – und sei es nur, ob er lieber beim Fenster oder am Tisch sitzen will. Auch wenn solche punktuellen Ansätze keine wesentliche Veränderung bewirken und die erwünschte Kontinuität nicht herstellen können, so wirken sie sich doch im Moment für die betroffenen Menschen wohltuend aus. Und manchmal können sie auch ausstrahlen und übergreifen auf andere Mitarbeiter und erste Impulse geben zum Überdenken der Arbeitsweise und vielleicht auch der Strukturen.

Dazu noch einmal Maria Schmucki: »Man kann schon punktuell etwas machen. Zum Beispiel: Beim Frühstück war es üblich, jeder der Frauen am Tisch ihr Brötchen, ihre Konfitüre und ihre Butter auf den Teller zu legen. Das hat mich sehr gestört. Wenn ich für das Frühstück verantwortlich war, habe ich den Frauen den Korb hingehalten und sie das Brot selber wählen lassen. Und ich habe gefragt: Heute gibt es die und die Konfitüre, welche möchten Sie? Und eines Tages hörte ich von nebenan, daß eine andere Kollegin auch fragte, und mit der Zeit fragten alle. Oder wenn eine Heimbewohnerin noch schlief, die ich waschen sollte, habe ich sie schlafen lassen und bin zuerst zu ihrer Nachbarin gegangen. Anfangs machten die anderen große Augen, vor allem als ich einmal den ganzen Plan umstellen mußte und Medikamente zu richten begann, anstatt die Frauen zu wecken und zu waschen. Aber mit der Zeit fanden sie das gut und machten es auch, und wir sind alle immer trotzdem fertig geworden.«

»Ernstnehmen, Zutrauen, Verstehen« auf dem Weg in die Institutionen

Seit dem ersten Erscheinen des Buches hat das Konzept »Ernstnehmen, Zutrauen, Verstehen« vielerorts Spuren hinterlassen, Arbeitsweisen beeinflußt und in einigen Einrichtungen sogar umfassend Einzug gehalten.

Manche haben das Buch zufällig entdeckt und daraus Erkenntnisse für ihre Arbeit gewonnen, die sie in die Praxis umzusetzen versuchen. Andere haben es im Rahmen ihrer Ausbildung als Pflichtlektüre kennengelernt. In vielen Einrichtungen ist es in der Bibliothek vorhanden, oder liegt in den einzelnen Wohngruppen aus und wird den Teams zur Lektüre empfohlen.

Sehr häufig werde ich zu internen Fortbildungsveranstaltungen, zu Vorträgen, Seminaren und zur Mitwirkung an bestehenden Aus- und Fortbildungsgängen eingeladen. Für manche sind diese Veranstaltungen die erste Begegnung mit dem personzentrierten Ansatz. Zunehmend jedoch erlebe ich, zu meiner großen Freude, daß jeweils mehrere Teilnehmende das Konzept bereits kennen oder von einer Einrichtung kommen, in der damit gearbeitet wird.

Eine einzelne Veranstaltung reicht selbstverständlich nicht aus, um die personzentrierte Arbeitsweise in einer Einrichtung zu verankern. Das erfordert Zeit, systematische Einführung und konsequentes »Dranbleiben«. Immer wieder muß der Arbeitsalltag am personzentrierten Konzept gemessen, muß anhand konkreter Situationen erarbeitet werden, wie es in die Praxis umzusetzen ist. Wie vorgegangen wird, welche Mittel und Instrumente eingesetzt werden müssen, um das Konzept einzuführen, richtet sich nach Aufgabe, Größe, Struktur und personellen Gegebenheiten einer Einrichtung und kann ganz unterschiedlich aussehen.

Als Beispiel und Anregung für andere, soll hier kurz beschrieben werden, wie zwei verschiedene Einrichtungen vorgehen, um das personzentrierte Konzept »Ernstnehmen, Zutrauen, Verstehen« einzuführen, das bei beiden als verbindliche Arbeitsgrundlage etabliert werden soll.

Die Einrichtungen des Arbeiter-Samariter-Bundes in Bremen, ASB

Der ASB betreibt in Bremen fünf Kleinwohnheime mit je 10–16 Einzelzimmern und einigen Ein-Zimmer-Apartments (insgesamt 74 Wohnplätze), eine Tagesförderstätte mit 40 Plätzen und bietet darüber hinaus 40 Personen die Möglichkeit betreuten Wohnens. Aufgenommen werden Menschen mit geistiger und mehrfacher Behinderung ungeachtet der Art und Schwere ihrer Behinderung. Viele Bewohnerinnen und Bewohner sind 1988 noch im Rahmen der Entpsychiatrisierung im Land Bremen in die Einrichtungen des ASB gekommen und haben hier – nach jahre-

oder jahrzehntelangem Aufenthalt in der geschlossenen Psychiatrie – noch eine beachtliche Entwicklung machen können. Die Einrichtungen des ASB beschäftigen insgesamt 125 Mitarbeitende, davon 90 im Wohnbereich (60 Stellen), 14 in der Tagesförderstätte (10 Stellen) und 19 im betreuten Wohnen (12 Stellen).

Der ASB ist seit jeher humanitären und demokratischen Grundsätzen verpflichtet. 1998 haben die Leitungsgremien beschlossen, einen Organisationsentwicklungsprozeß durchzuführen, um die Qualität der Dienstleistungen und die Zufriedenheit der Bewohnerinnen und Bewohner zu verbessern.

Aufgrund der Lektüre meines Buches hat mich Jürgen Lehmann, der Einrichtungsleiter, eingeladen, im Herbst 2001 eine *zweitägige interne Fortbildung* durchzuführen, an der 16 Mitarbeitende aus verschiedenen Häusern und Bereichen teilnahmen. Das Echo war außerordentlich positiv, so daß beschlossen wurde, die Arbeit in den Einrichtungen künftig konsequent auf die Grundlagen dieses Konzepts zu stellen.

In der Folge wurde eine *Projektgruppe* ins Leben gerufen, in der jeder Wohnbereich durch eine Mitarbeiterin oder einen Mitarbeiter vertreten ist. Die Gruppe hat sich bisher etwa einmal pro Monat getroffen, um anhand der Richtlinien des Konzepts Probleme aus dem Alltag der Wohngruppen zu besprechen und anschließend das Erarbeitete wieder in die einzelnen Teams einzubringen.

Darüber hinaus konnte ich zwischen Herbst 2002 und Frühling 2003 je einen *Fortbildungstag mit allen Teams der Wohnbereiche sowie mit der Projektgruppe* durchführen. Eine entsprechende *Fortbildung für die Mitarbeitenden der Tagesförderstätte* ist angedacht, um gewisse Diskrepanzen zu vermeiden und die Kontinuität und Übereinstimmung der Betreuungsqualität in den verschiedenen Bereichen zu gewährleisten.

Im weiteren werden Projektgruppe und Leitung *die notwendigen Rahmenbedingungen für die systematische Einführung des Konzeptes erarbeiten und festlegen.* Konrad Seidl, der Qualitätsbeauftragte und Leiter der Wohnheime, hat in Stichworten zusammengetragen, was das im wesentlichen beinhalten sollte:

- Entwicklung eines Leitfadens anhand der Grundlagen des Konzepts und von Kriterien für seine Anwendung;
- Formulierung erforderlicher Rahmenbedingungen für die Projektgruppe (Verantwortung, Arbeitsweise, Themenauswahl, Dokumentation, Verbindlichkeit, Überprüfung, evtl. Korrekturmaßnahmen);
- Transfer der Arbeitsergebnisse in die Häuser/Bereiche (Verantwortung, Umsetzung, Aufnahme in die individuelle Hilfeplanung, Überprüfung der Durchführung und Effizienz vereinbarter Maßnahmen, Dokumentation);
- Information der Projektgruppe bezüglich der umgesetzten Maßnahmen aus den Häusern/Bereichen (Verantwortung, Umsetzung, Effizienz, Probleme usw.);
- Festlegung, wer informiert bzw. in das Verfahren einbezogen werden soll, falls es bei der Umsetzung vereinbarter/vorgeschlagener Maßnahmen durch die Projektgruppe unterschiedliche Auffassungen innerhalb der Teams gibt (Durchführungsverantwortung);
- Weiterentwicklung des Konzepts anhand konkreter Ergebnisse und Erfahrungen im Rahmen der Einführung (kontinuierlicher Verbesserungsprozeß);
- Maßnahmen zur Feststellung der Zufriedenheit von BewohnerInnen und BesucherInnen (Kooperation mit dem Heimbeirat, mit der Projektgruppe, Beschwerdemanagement usw.);
- Erarbeitung einer Prozeßbeschreibung, die fester Bestandteil des QM-Systems ist und eine verbindliche aussagefähige und überprüfbare Arbeitsgrundlage für alle Mitarbeitenden darstellt (Qualitätssicherung);
- Etablierung des Konzepts als festen Bestandteil der Einarbeitung von neuen MitarbeiterInnen.[18]

[18] Konrad Seidl, schriftliche Notiz vom 11.3.2004.

Diese Auflistung macht deutlich, wie vielschichtig und zahlreich die Aspekte sind, die einbezogen und berücksichtigt werden müssen, wenn eine Institution sich umfassend auf die personzentrierte Arbeitsweise einlassen will. Leitung und Mitarbeitende des ASB stehen mittendrin in diesem spannenden Prozeß und leisten beispielhafte Pionierarbeit.

Das gilt auch für eine weitere Institution:

Die Stiftung für Schwerbehinderte Luzern, SSBL

Die SSBL ist, wie schon der Name sagt, eine Einrichtung für Menschen mit schwerer geistiger und/oder mehrfacher Behinderung. Sie umfaßt 34 Wohngruppen und drei Tagesstätten sowie ein heilpädagogisches Kinderheim. 13 Wohngruppen, Geschäftsleitung und die zentralen Dienste sind in den Gebäuden in Rathausen (in der Nähe von Luzern) untergebracht, wo sich auch ein ehemaliges Kloster befindet. Die anderen 21 Wohngruppen verteilen sich auf sechs Wohnheime in Stadt und Kanton Luzern. Die Tagesstätten befinden sich in Rathausen, Luzern und Wolhusen. Insgesamt bieten diese Einrichtungen Plätze für 350 Bewohnerinnen und Bewohner bzw. Tagesbeschäftigte. Die SSBL beschäftigt 650 Mitarbeiterinnen und Mitarbeiter, verteilt auf 395 Vollzeitstellen. Sie ist also wesentlich größer als die Einrichtungen des ASB in Bremen.

Der personzentrierte Ansatz begann 1993 in der SSBL systematisch Einzug zu halten, als erstmals zentral im Rahmen der Einführung von neuen Mitarbeitenden eine Einführung in seine Grundsätze angeboten wurde. Seit 2002 wird systematisch das Konzept »Ernstnehmen, Zutrauen, Verstehen« eingeführt und wird das Buch den Mitarbeitenden zur Verfügung gestellt. In regelmäßigen Abständen finden *Einführungskurse* statt, die inzwischen bereits von über 300 Mitarbeitenden besucht wurden. Seit 2004 wird zusätzlich ein *Aufbaumodul* angeboten, das Mitarbeitenden offensteht, die schon am Einführungskurs teilgenommen haben.

Supervision und Praxisberatung bieten zusätzliche Möglichkeiten, die Umsetzung des Konzeptes in den Alltag zu reflektieren und zu vertiefen.

Neben den zentral organisierten Fortbildungskursen gibt es auch *dezentrale Angebote.* Die Wohnheimleiter(innen) können in eigener Verantwortung Fortbildungen für ihren Bereich organisieren. Diese sollen den personzentrierten Grundsätzen entsprechen, doch die Wohnheimleiter sind frei in der Wahl der spezifischen Themen und der Referenten, die sie einladen. Unter anderem wurde auch ich verschiedentlich zu eintägigen Fortbildungen eingeladen, in ein Wohnheim bereits zweimal, wobei ich nach drei Jahren feststellen konnte, daß erfreulich viele meiner Anregungen in der Zwischenzeit in die Alltagsarbeit eingeflossen waren.

Darüber hinaus konnte ich im Januar 2004, gemeinsam mit den beiden Sozialpädagogen Andreas Amrein und Roland Moser, einen *Fortbildungstag für die Führungskräfte* (gesamte Geschäftsleitung und Wohnheimleiter und -leiterinnen) durchführen zum Thema: »Was heißt personzentrierte Arbeit für die Führung?« Unter anderem entstand daraufhin bei der Geschäftsleitung die Idee, einen Fragebogen zu entwickeln, mit dem sich die Qualität der Führung von unten nach oben hinsichtlich der personzentrierten Haltung der Vorgesetzten überprüfen läßt.

Die Konsequenz, mit der die SSBL anstrebt, das personzentrierte Konzept auf allen Ebenen, speziell auch im Rahmen von Führungsaufgaben, zu verwirklichen, ist beispielhaft. Ein bemerkenswertes Detail in diesem Zusammenhang: In der SSBL wird man nicht »einfach so« nach einer gewissen Zeit Gruppenleiter (wie das vielerorts üblich ist). Zukünftige Gruppenleiterinnen werden in einer achttägigen internen Führungsausbildung sorgfältig auf die Aufgaben vorbereitet, die mit dieser Funktion verbunden sind. Auch das ist ein Faktor, der sich auf die Qualität der Begleitung und Betreuung auswirkt.

2003 führte die SSBL eine Pilot-Befragung durch, um die Zufriedenheit ihrer Kundinnen und Kunden und ihre Lebensqualität zu ermitteln. In Zusammenarbeit mit dem Büro für unterstützte Kommunikation (buk), Zug, wurde ein Vorgehen entwickelt, das es erlaubt, auch Menschen mit schweren Behinderungen, die sich sprachlich schlecht oder gar nicht ausdrücken können, in die Befragung einzubeziehen. Die Mitarbeitenden, welche die Befragung durchzuführen hatten, wurden in einer zweitägigen Schulung speziell auf ihre Aufgabe vorbereitet. Die Kriterien des Fragebogens sind so formuliert, daß sie im Einklang mit den Grundsätzen personzentrierten Arbeitens stehen, also Qualität im Sinne des Konzeptes ermitteln. Künftig sollen solche Befragungen in gewissen Abständen regelmäßig durchgeführt werden, um die Qualität der Betreuung laufend zu überprüfen und zu verbessern.

Zudem ist im Leitbild der SSBL die Umsetzung der personzentrierten Haltung in die praktische Arbeit konkret und verbindlich formuliert.

Das sind zwei ganz verschiedene Vorgehensweisen von zwei unterschiedlichen Einrichtungen, die jedoch in ihren Anliegen, ihren Zielen und in der Haltung, die sie vertreten, weitgehend übereinstimmen. Interessant ist, daß in beiden Institutionen die Verantwortlichen für das Qualitätsmanagement zugleich überzeugte Verfechter des personzentrierten Ansatzes sind. Das widerlegt den Einwand, den man gelegentlich hört, daß die Anforderungen an Qualitätssicherung, welche die Einrichtungen heutzutage zu erfüllen haben, dem personzentrierten Arbeiten hinderlich seien. Dani Hohler, der Qualitätsleiter bei der SSBL, ist im Gegenteil der Überzeugung: »Ein gutes Managementkonzept ist eine notwendige Voraussetzung, um das personzentrierte Konzept umfassend einführen zu können.« Sowohl beim ASB wie bei der SSBL wird deshalb darauf geachtet, daß die geltenden Qualitätskriterien das personzentrierte Konzept deutlich widerspiegeln.

Beide Einrichtungen dokumentieren ihren Einführungsprozeß. Es wird spannend sein zu verfolgen, welche Erfahrungen sie damit machen und wie sich das Konzept in der Praxis weiterentwickelt, und zu einem späteren Zeitpunkt darüber zu berichten.

Bisher war von Institutionen und Berufsleuten die Rede. Es drängt sich die Frage auf, ob das personzentrierte Konzept auch in der Familie brauchbar ist.

8 Ist das personzentrierte Konzept auch in der Familie brauchbar?

Ganz allgemein läßt sich sagen, daß manche Probleme gar nicht entstehen würden, wenn schon bei der Erziehung eines Kindes gewisse personzentrierte Grundsätze beherzigt würden – wie ernstnehmen, Eigenständigkeit fördern, auf das Erleben eingehen und ermutigen. Daß das nicht geschieht, ist die Wurzel mancher Fehlentwicklung. Erziehung ist jedoch nicht das Thema dieses Buches, hier geht es um Betreuungsaufgaben.

Die *personzentrierte Haltung* kann auch in einer Familie, in der ein Mitglied Betreuung braucht, den Alltag erleichtern und helfen, Spannungen und Konflikte besser zu bewältigen. Zudem ermöglicht diese Grundhaltung dem behinderten oder pflegebedürftigen Angehörigen mehr Eigenständigkeit und persönlichen Freiraum, und das wiederum entlastet die Angehörigen.

Aber die Rahmenbedingungen sind in der Familie anders als in einer Institution. Die Familie ist nicht wie die Institution primär und spezifisch auf das Wohl der behinderten oder pflegebedürftigen Menschen ausgerichtet. Sie ist der *Lebensraum aller Familienmitglieder:* ihre Bedürfnisse, Sorgen, Freuden, Anliegen müssen genauso Platz haben und berücksichtigt werden wie die des Angehörigen, der Betreuung braucht. In der Familie sind die Bezugspersonen konstant, sie wechseln nicht je nach Arbeitsplan, sie können nicht kündigen oder nach getaner Arbeit nach Hause gehen und sich dort regenerieren, sie leben am Ort ihrer Betreuungsaufgabe.

Die zwischenmenschlichen Beziehungen in der Familie sind anderer Natur als in einer sozialen Einrichtung. Familienangehörige sind gefühlsmäßig viel stärker miteinander verhängt, sowohl im positiven wie im negativen Sinn. Sie können in schwierigen Situationen weniger gut Distanz nehmen und sind von Behinderung, Krankheit, Altersbeschwerden ihrer Angehörigen emotional viel unmittelbarer betroffen als diejenigen, die beruflich damit zu tun haben.

Menschen mit geistiger Behinderung sind in der Familie oft viel zu sehr behütet, so daß Entwicklungsschritte erschwert oder sogar verhindert werden. Es fällt den meisten Eltern schwer, ihre behinderten Söhne oder Töchter als erwachsene Menschen zu betrachten und sie in ihrer Selbständigkeit zu unterstützen. Die Ablösung ist für sie noch schwieriger als für Eltern nicht behinderter Kinder. Das Gleichgewicht zu finden zwischen der Betreuung, die ein Mensch mit geistiger Behinderung auch als Erwachsener noch braucht, und der Förderung seiner Eigenständigkeit ist eine ständige Herausforderung für die Familienangehörigen. Sie sind so gewohnt, für »das Kind« zu sorgen, daß sie oft gar nicht merken, wann der Zeitpunkt gekommen ist, wo der Erwachsene über gewisse Dinge selber bestimmen kann, zum Beispiel über seine Freizeit. Der Sohn möchte vielleicht selber wählen, in welches Kino er geht, und nicht einfach von den Eltern mitgenommen werden. Die erwachsene Tochter hat nicht mehr unbedingt Spaß am obligaten Sonntagsbesuch bei der Tante, sondern würde lieber etwas anderes unternehmen. Auch behinderte Angehörige müssen nach ihren Wünschen gefragt werden – gerade weil sie diese oft nicht so klar äußern können –, und ihre Wünsche müssen ebenso ernstgenommen und berücksichtigt werden, wie das bei »Normalen« selbstverständlich ist.

Beispiel 48

Im Volkshochschulkurs für Erwachsene mit geistiger Behinderung lernen die Teilnehmer, ihre Wünsche zu äußern. Ernst L. erklärt: »Ich will nicht mehr, daß mein Vater sagt, wenn ich heimkomme: ›Zieh deine Arbeitskleidung an, jetzt machen wir was im Garten.‹ Ich möchte mich auch mal hinsetzen und Zeitung lesen.« Zwar kann Ernst L. gar nicht lesen, aber sich mit der Zeitung in den Sessel setzen bedeutet offenbar für ihn, den Feierabend genießen, es sich gemütlich machen und vor allem: das zu tun, was andere Erwachsene (zum Beispiel der Vater) am Feierabend auch tun.

Anstatt zu sagen: »Du kannst ja gar nicht lesen!«, sollte sein Wunsch respektiert werden. Schließlich hat er den ganzen Tag in der Werkstatt gearbeitet, und es ist sein gutes Recht, den Feierabend so zu genießen, wie es ihm gefällt. Auch behinderte Menschen haben manchmal das Bedürfnis, nichts zu tun. Es ist nicht nötig, sie ununterbrochen zu beschäftigen, aus lauter Sorge, sie sich selbst zu überlassen und sich nicht genug um sie zu kümmern. Dadurch überfordern die Eltern auch sich selber, und es käme ihnen ebenso zugute, wenn sie dem behinderten Angehörigen mehr Eigenständigkeit zugestehen würden. Der personzentrierte Grundsatz: »Soviel Rahmen wie nötig und soviel Spielraum wie möglich« hat auch im familiären Kontext seine Gültigkeit, und die personzentrierten Richtlinien sind auch im Familienalltag hilfreich.

Beispiel 49

Bernhard C. (den wir aus Beispiel 11 und 19 kennen) verbringt die Ferien zuhause bei seiner Mutter. Es macht ihm großen Spaß, abends fernzusehen, denn in der Einrichtung, in der er lebt, gibt es das nicht. Seine Mutter muß für zwei Stunden weg. Sie hat es eilig und möchte vermeiden, daß Bernhard sich aufregt. Deshalb sagt sie ihm nichts. Sie weiß ja, daß er vor dem Fernseher sitzen wird, bis man ihn dort wegholt. Außerdem ist die jüngere Schwester, Alma, im Haus. Alma geht in ihr Zimmer im Untergeschoß; auch sie sagt Bernhard nicht, wo sie ist, weil sie sicher ist, daß er im oberen Stock vor dem Fernseher sitzt und sich nicht wegrührt, ehe er dazu aufgefordert wird. Doch aus irgendeinem Grund geht Bernhard ins Wohnzimmer hinunter, sieht, daß niemand da ist, und fängt an zu schreien und zu toben. Alma hört ihn und kommt herbeigestürzt. Sein Toben macht ihr Angst. Sie weiß nicht, wie sie ihn beruhigen soll. Plötzlich erinnert sie sich aus ihrer Kinderzeit, daß er gerne badet und daß ihn das früher oft beruhigt hat. Sie richtet ihm ein Bad, er wehrt sich, tobt noch mehr, schlägt auf das Wasser, alles wird naß. Verzweifelt telefoniert Alma ihrer älteren Schwester, die zu Hilfe kommt. Gemeinsam schaffen sie es, mit großer Mühe, ihn zu beruhigen.

Durch Beachtung einiger der beschriebenen Richtlinien hätte diese kritische Situation vermieden oder wenigstens ihre Eskalation verhindert werden können:

Sich nicht durch Vorwissen bestimmen lassen: Bernhards Mutter weiß: Wenn er einmal vorm Fernseher sitzt, bleibt er dort, bis man ihn wegholt. Dieses Vorwissen bestimmt ihr Handeln, und sie bedenkt nicht, daß er sich auch einmal ganz anders verhalten könnte.

Klar informieren: Um lange Erklärungen und eventuellen Protest zu vermeiden, sagt sie ihm nicht, daß sie weggeht. Auch die Schwester sagt ihm nicht, wo sie ist. So weiß Bernhard nicht, was los ist, er sieht nur, daß niemand da ist, und gerät in Panik. Wäre er klar informiert worden, hätte er vielleicht zunächst gemurrt, weil die Mutter weggeht, sich aber mit der Situation abgefunden. Und da er dann ja auch gewußt hätte, wo seine Schwester ist, wäre er wohl kaum in Panik geraten.

Beim Naheliegenden bleiben: Die Schwester hat Angst vor Bernhards Toben, das sie aus der Kindheit kennt. Sie denkt nicht an das Naheliegende: Bernhard regt sich auf, weil die Mutter plötzlich nicht mehr da ist. Anstatt *auf ihn einzugehen*, überlegt sie nur, wie sie das Toben stoppen könnte. Sie erinnert sich: Im Bad hat er sich meistens beruhigt. Er will aber nicht baden, sondern *ernstgenommen* werden, und tobt noch mehr. So eskaliert die Situation. Wenn sie ihm erklärt hätte: »Die Mama ist weg, sie kommt bald zurück, ich bin unten in meinem Zimmer«, hätte er sich vermutlich rasch beruhigt und wäre zum Fernsehen zurückgekehrt.

Umgekehrt fällt es erwachsenen Kindern schwer, zu akzeptieren, daß ihre gealterten Eltern auf einmal zeitweise verwirrt sind und Dinge behaupten, die auf keinen Fall stimmen können. Es dauert oft eine ganze Weile, bis sie das wirklich realisieren, besonders wenn sie ihren Vater oder ihre Mutter als starke und klar denkende Persönlichkeit gekannt haben. Sie lassen sich auf sinnlose Wortgefechte ein und versuchen, den alten Menschen zu überzeugen, daß er im Unrecht ist. Je nach Temperament und Charakter wird dieser sich daraufhin noch mehr versteifen oder resigniert verstummen. Es ist für beide Teile sinnvoller, wenn die Angehörigen diesen Zustand der Verwirrung so annehmen, wie er ist, oder versuchen, seine Erlebensqualität zu erfassen.

Beispiel 50
Alice W., die nicht mehr gehen kann, sitzt im Rollstuhl am Fenster. Sie zeigt auf den Garten und sagt zur Tochter: »Dort draußen spaziere ich immer hin und her und hin und her.« Es wäre völlig sinnlos, zu sagen: »Das stimmt doch nicht, du kannst ja nicht gehen.« Die Tochter kann das einfach hinnehmen, oder sie kann versuchen, sich in die Befindlichkeit ihrer Mutter einzufühlen, zum Beispiel: »Du würdest gerne spazierengehen« oder: »Du denkst oft an deinen Garten« oder auch einfach zu reflektieren: »Du gehst immer hin und her und hin und her.«

Da Klarheit und Verwirrtheit sich oft abrupt abwechseln, ist es für Bezugspersonen nicht immer einfach, zu merken, auf welcher Ebene sich die alten Menschen gerade befinden. Oft sind diese auch selbst unsicher, ob das nun stimmt, was sie gerade behaupten, oder ob sie es sich einbilden. Ein freiwilliger Helfer, der einen betagten Nachbarn stundenweise betreut, hat ein sehr treffendes Bild für diesen Zustand gefunden:

Beispiel 51

Alfred K. ist sehr aufgeregt und bittet den Helfer, sofort mit ihm in ein nahe gelegenes Altersheim zu fahren, wo er seine Teppiche eingelagert habe. Auf das Nachfragen des Helfers wird er plötzlich unsicher. Der Helfer sagt: »Nicht wahr, Herr K., manchmal weiß man nicht so recht, ob man etwas geträumt hat oder ob es wirklich so ist.« Alfred K. entspannt sich und nickt. Offenbar hat der Helfer seine momentane Befindlichkeit intuitiv erfaßt.

Vielleicht ist es tatsächlich so, daß zeitweilige Verwirrung ähnliche Zustände auslöst, wie wir sie zwischen Schlaf und Aufwachen kennen, wenn wir uns nicht mehr im Traum und noch nicht ganz in der Wirklichkeit befinden. Alfred K. jedenfalls fühlte sich von seinem Betreuer verstanden. Der Helfer hat Alfred K. *ernstgenommen* und versucht, *sich einzufühlen und auf sein Erleben einzugehen.* Diese Haltung hilft einem verwirrten alten Menschen eher, mit diesem verunsichernden Zustand zurechtzukommen, als wenn man ihm – meist vergeblich – klarzumachen versucht, wie es wirklich ist. Die kluge Reaktion des freiwilligen Helfers war auch für Alfred K.s Angehörige ein Schlüssel, ihn besser zu verstehen und gelassener auf seine desorientierten Wünsche zu reagieren.

Gewiß läßt sich Familienleben nicht nach einem Konzept gestalten, und das wäre auch nicht wünschenswert. Doch nützliche Anregungen für ihre Betreuungsaufgaben können Familienangehörige – wie die Beispiele gezeigt haben – im personzentrierten Konzept durchaus finden.

9 Prä-Therapie

Das Konzept der Prä-Therapie,[19] das der amerikanische Psychologe Garry Prouty entwickelt hat, ist eine der wichtigsten Weiterentwicklungen des personzentrierten Ansatzes. Prouty widerlegt auf eindrückliche Weise den oft gehörten Einwand, der personzentrierte Ansatz sei für die Arbeit mit schwer behinderten Menschen nicht geeignet. Gerade mit solchen Klienten hat Prouty erstaunliche therapeutische Erfolge erzielt. Prä-Therapie ist jedoch nicht nur für Psychotherapeuten ein hilfreiches Instrument, sondern auch in der Betreuung von sogenannten »nicht kontaktfähigen« Menschen sinnvoll. Sie macht in beispielhafter Weise deutlich, wie sich die personzentrierte Haltung im Umgang mit schwerstbehinderten Menschen konkret umsetzen läßt. Deshalb wird sie in diesem Kapitel – kurz zusammengefaßt – vorgestellt.

Prä-Therapie ermöglicht einen Zugang zu Menschen, die – aufgrund von geistiger Behinderung, dauernder Hospitalisierung oder psychischer Erkrankung – nicht oder nur sehr beschränkt in der Lage sind, mit ihrer Umwelt Kontakt aufzunehmen, die in sich abgekapselt leben und deren Ausdrucksweise verzerrt und unverständlich ist; Menschen, die meist als »nicht therapierbar« oder sogar als »nicht kontaktfähig« abgestempelt werden.

Prouty hat in jahrelanger Erfahrung mit solchen Klienten – auf viele von ihnen traf die sogenannte »dual diagnosis« zu: geistig behindert *und* psychisch krank – seine Prä-Therapie entwickelt. Sie beruht auf klientenzentrierten Grundlagen und ermöglicht, durch sorgfältiges Zuhören, Hinsehen, Sich-Einfühlen und Ernstnehmen des Betroffenen seine Welt besser zu verstehen. Sie kann zu zweierlei Ergebnissen führen:

---

[19] Siehe auch: Prouty, Pörtner & Van Werde (1998)

1. Ein eigentlicher psychotherapeutischer Prozeß wird möglich, in dem Wahnvorstellungen aufgeschlüsselt und traumatische Erlebnisse verarbeitet werden können.
2. Es kommt nicht zu einem psychotherapeutischen Prozeß, aber es ergeben sich erhebliche Verbesserungen im Alltag der Klienten. Sie bekommen mehr Kontakt zu ihrer Umwelt, können an Freizeitveranstaltungen oder Weiterbildungsprogrammen teilnehmen, die vorher für sie unerreichbar schienen. Oder sie können öfter nach Hause fahren, weil sie nicht mehr so viele Spannungen in der Familie auslösen. Mit anderen Worten: Ihr Handlungsspielraum wird erweitert und ihre Lebensqualität verbessert.

Den Kontakt zu diesen oft kaum ansprechbaren Menschen fand Prouty zunächst rein intuitiv. Dann begann er über das *Wie* dieses Eingehens auf die Klienten nachzudenken und seine Arbeitsweise theoretisch und methodisch aufzuarbeiten. Er gebraucht den Begriff »to bridge in«, weil es ihm darum geht, eine *Brücke in die Welt des Klienten* zu bauen. Prä-Therapie ist eine methodische Hilfe, solche Brücken zu bauen.

Die Methode

beruht auf *Reflexionen*, welche verschiedene Möglichkeiten der Kontaktaufnahme anregen sollen. Diese *Kontaktreflexionen,* wie Prouty sie nennt, umfassen vier verschiedene Arten, auf die Klienten einzugehen, und ein übergreifendes Prinzip.

1. Das Ansprechen der Situation (Situationsreflexionen), wovon in anderer Form bereits die Rede war, dient dazu, den *Kontakt zur Realität* herzustellen, und bezieht sich auf ganz einfache Dinge im unmittelbaren Umfeld: »Wir sitzen am Tisch«, »Die Lampe brennt«, »Es ist heiß heute«, »Das Zimmer ist groß«, »Wir sind heute beide sehr still«, »Sie spielen mit dem Bleistift«. Es handelt sich bei diesen Reflexionen um ganz einfache Hinweise aus dem Wahrnehmungsfeld des Klienten.

Beispiel[20]
Herr X., ein 22jähriger, sehr in sich gekehrter, als paranoid-schizophren bezeichneter Patient, sprach kaum jemals mit anderen Menschen. Eines Tages bemerkte der Therapeut zwei große Batterien in seiner hinteren Hosentasche. Er sprach die Situation an: »Sie haben zwei Batterien in Ihrer Hosentasche.« Der Patient antwortete, er trage diese Batterien bei sich, weil sie ihm helfen würden, »geladene Beziehungen« mit Mädchen zu haben.
Behutsames Eingehen auf diese wahnhafte Vorstellung öffnete in der Folge einen Zugang zu den Vereinsamungsgefühlen des Klienten.

2. *Das Eingehen auf die Körperhaltung* (Körperreflexionen) soll den *Kontakt zu sich selbst, zum eigenen Körper* anregen: »Sie lassen sich in den Stuhl plumpsen«, »Du legst den Kopf auf die Arme«, »Sie wippen mit den Füßen« u. ä.

Beispiel
N. war eine abweisende, gereizte, dabei sehr kindliche und regredierte Frau mit geistiger Behinderung, die Schwierigkeiten am Arbeitsplatz hatte. Häufig versuchte sie, während der Therapiesitzungen den Therapeuten zu provozieren, indem sie sich in aufreizender Weise über seinen Schreibtisch legte.
Der Therapeut sprach ihre Körperhaltung an: »Sie liegen auf meinem Tisch«, »Sie fläzen sich auf dem Tisch herum«.
Durch diese Reflexion wurde ihr bewußt, wie aufreizend sie sich verhielt, und sie lächelte. Der Therapeut konnte dieses Lächeln ansprechen und vorsichtig Vermutungen über die damit verbundenen Gefühle äußern.

---

[20] Alle in diesem Kapitel beschriebenen Beispiele zitiert nach Prouty (1977). Sie wurden ausgewählt, weil sie, trotz der etwas veralteten Terminologie, die Methode gut veranschaulichen.

Bei Menschen, die nicht in der Lage sind, auf verbale Kommunikation einzugehen, kann auch *das Wiedergeben der Körperhaltung* hilfreich sein. Doch muß das sehr behutsam geschehen und darf niemals ein Nachäffen sein. Es handelt sich vielmehr um ein Sich-Einfühlen in die Körperhaltung des Gegenübers, das es ermöglicht, nachzuvollziehen, wie diesem zumute ist.

Beispiel

T., der abwechselnd als hirngeschädigt oder schizophren oder beides diagnostiziert worden war, betrat jedesmal wortlos das Therapiezimmer und legte sich in einer Art katatoner Erstarrung flach wie ein Brett über zwei Stühle. Zuerst sprach der Therapeut die Körperhaltung an: »Sie liegen auf den Stühlen«, »Sie sind steif ausgestreckt«. Das wiederholte sich während mehreren Sitzungen. Dann begann T. eines Tages plötzlich Kreisbewegungen mit Armen und Händen zu machen, so als wolle er Kreise in die Luft zeichnen. Der Therapeut nahm seine Arm- und Handbewegungen auf, machte genau dasselbe und sagte immer wieder: »Sie zeichnen mit Ihren Armen Kreise in die Luft.«

Schließlich begann T. wortähnliche Äußerungen von sich zu geben, die der Therapeut aufgreifen konnte.

3. Das Ansprechen des Gesichtsausdrucks (Gesichtsreflexionen) regt den *Kontakt zu den eigenen Gefühlen* an, zum Beispiel: »Du siehst traurig aus«, »Sie runzeln die Stirn«, »Sie lächeln«. Es kommt häufig vor, daß psychotische oder geistig behinderte Menschen zwar etwas empfinden, aber es nicht mitzuteilen wagen, sei es aus Angst, Resignation, oder weil das Vertrauen fehlt. Oft aber können sie ihre Gefühle gar nicht als zu ihnen gehörig erkennen. Das Ansprechen des Gesichtsausdrucks kann ihnen den Kontakt zu diesem Gefühl erleichtern und ihnen zudem die Erfahrung vermitteln, daß ihre Gefühle ein wahrnehmbares menschliches Erleben sind, an dem ein anderer Mensch teilnehmen kann.

Beispiel
B. war als schizophren und geistig behindert diagnostiziert. Er konnte sich kaum verbal ausdrücken und hatte in Gegenwart der Therapeutin noch nie irgendeine Gefühlsregung gezeigt. Eines Tages brachte er einen Zeitungsausschnitt mit dem Bild eines Elefanten, der aus dem Zoo entwichen war, in die Therapiestunde mit. Er sagte nichts, aber er lächelte zufrieden über sein Bild. Die Therapeutin reagierte auf das Lächeln, indem sie den zufriedenen Gesichtsausdruck des jungen Mannes ansprach: »Sie freuen sich über den Elefanten«, »Sie mögen den Elefanten«, »Sie mögen Tiere gern«. Die Antwort war ein heftiges Kopfnicken, das der Therapeutin bestätigte: Er hatte gemerkt, daß er ihr seine Gefühle zeigen konnte.

4. Das *wortwörtliche Wiederholen* (Wort-für-Wort-Reflexionen) stellt den *Kontakt zu anderen* her und ist besonders sinnvoll bei Menschen, die Mühe mit der sprachlichen Verständigung haben, die vielleicht nur ein Gewirr von fast unhörbaren, unzusammenhängenden oder nicht verständlichen Wortfetzen oder Lauten von sich geben, in denen möglicherweise vereinzelt verständliche Worte oder zusammenhängende Satzteile auftauchen. Hier sollte der Therapeut das aufgreifen, was verständlich und zusammenhängend ist, und Wort für Wort wiederholen. Dabei gibt es zwei Möglichkeiten:

1. Einzelne Worte oder Satzteile sind verständlich – diese werden wiederholt.
2. Einzelne Worte oder Sätze sind zwar unverständlich, aber beinhalten spürbar mehr Gefühle – diese werden wiederholt.

Für Menschen, die mühsam darum ringen, sich auszudrücken, bedeutet es schon sehr viel, zu erfahren, daß überhaupt jemand auf sie eingeht, daß sie nicht einfach übergangen werden. Zudem gebraucht die Therapeutin beim wortwörtlichen Wiederholen dieselben Bilder, welche die Klientin selber gebraucht und versteht. Sie erlebt, daß die Therapeutin aufnimmt, was sie ihr mitteilt. So entsteht Kommunikation.

Beispiel
Z. galt als schizophren und schwachsinnig, er schlug sich mit einer Halluzination herum, die ihm zutiefst Angst machte. Hier ein Beispiel für eine Folge von Wort-für-Wort-Wiederholungen:
Kl.: »Ich fürchte mich.«
Th.: »Sie fürchten sich.«
Kl.: »Ich fürchte mich.«
Th.: »Sie fürchten sich.«
Kl.: »Ich fürchte mich.«
Th.: »Sie fürchten sich.«
Kl.: »Ich habe Angst.«
Th.: »Sie haben Angst.«
Kl.: »Ich habe wirklich Angst.«
Th.: »Sie haben wirklich Angst.«
Kl.: »Ja, Mann, das ist wirklich wirklich.«
Durch das wortwörtliche Wiederholen und genaue Wiedergeben der Veränderungen in der Wortwahl konnte jede Gefühlsnuance erlebt und vertieft werden.

5. *Das Prinzip des Wiederaufgreifens* (wiederaufgreifende Reflexionen) weckt die Gefühle des Klienten von neuem und hilft ihm, sich an sie zu erinnern und sie einzuordnen. Es besteht darin, Reflexionen, bei denen ein Kontakt gelungen ist, wiederaufzugreifen und mehrmals zu wiederholen. So wird das Erleben immer wieder neu angeregt und kann sich weiterentwickeln. Die Kontaktbereitschaft der Klientin kann von Tag zu Tag sehr unterschiedlich sein. Deshalb ist es sinnvoll, auf frühere Kontakte zurückzukommen, um die Verbindung wiederherzustellen, den Kommunikationsprozeß anzuregen und »den Faden nicht abreißen zu lassen«.

Beispiele

Vor zwei Wochen hat die Klientin gelächelt, als der Therapeut ihr Kopfschütteln wiedergab. Vielleicht muß das so lange wiederholt werden, bis eine neue Reaktion erfolgt.

Oder:

Einem Klienten stehen nur ganz wenige Worte zur Verfügung. Vielleicht müssen diese wenigen Worte immer wieder aufgegriffen werden, um den Kontakt nicht abreißen zu lassen. Das kann bedeuten, geduldig und beharrlich, vielleicht wochenlang, miteinander um dieselbe Stelle zu kreisen, an der etwas zum Ausdruck gekommen ist oder kurz davor stand, sich auszudrücken.

Diese Kontaktreflexionen mögen auf den ersten Blick simpel erscheinen. Würde man jedoch versuchen, sie einfach als Technik mechanisch anzuwenden, würden sie ihren Sinn verfehlen. Die zitierten Beispiele machen deutlich, welch hohes Maß an Geduld, Einfühlung und Ernstnehmen des Klienten sie erfordern. *»Das Prinzip ist einfach, doch die Kunst ist schwer«*, sagt Garry Prouty dazu. Er betont nachdrücklich, daß Prä-Therapie nicht in einer Auswahl von mechanisch anwendbaren Techniken besteht, sondern eine Methode ist, die auf einer fundierten personzentrierten Grundhaltung beruht, auf der Bereitschaft, sich in die Welt der Klienten einzufühlen und sie behutsam und in *ihrem* Rhythmus bei ihren – vielleicht nur winzig kleinen – Entwicklungsschritten zu begleiten.

Der Sinn dieser Kontaktreflexionen ist es, *die Klienten in Kontakt zu bringen mit der Realität, mit sich selbst und mit anderen.* Chronisch schizophrene, langjährig hospitalisierte Menschen ebenso wie solche mit schwerer geistiger Behinderung leben in einer in sich geschlossenen, autistischen, für andere kaum zugänglichen und schwer verständlichen Welt. Dasselbe gilt für Menschen in einem akuten psychotischen Schub. Der Unterschied ist, daß Menschen in der akuten Psychose den Kontakt zur Realität verlieren, während Menschen mit schwerer geistiger Behinderung ihn nicht (oder nur sehr beschränkt) entwickeln konnten. Bei psychotischen Menschen muß der Kontakt wiederhergestellt, bei Menschen mit geistiger Behinderung muß er oft erst geschaffen werden.

Umgang mit Halluzinationen

Garry Prouty ist überzeugt, und seine klinische Erfahrung bestätigt es, daß jeder Halluzination, jeder Wahnvorstellung, jedem autistischen oder bizarren Verhalten konkrete Erfahrungen zugrunde liegen. Bei seiner Arbeit mit geistig behinderten Menschen hat sich erschreckend häufig eine Inzestproblematik in der Familie als Wurzel der Abkapselung herausgestellt. In der Regel waren das Fälle, bei denen die Angehörigen der Therapie heftigen Widerstand entgegensetzten.

Prouty gebraucht anstelle von »regrediert« lieber den Begriff *prä-expressiv*. Dieser beinhaltet, daß die Klienten etwas *noch nicht* ausdrücken können. Damit es nach und nach zum Ausdruck kommen kann, bleibt Prouty sehr genau und konkret bei dem, was die Klienten mitteilen, bei *ihren* verbalen oder nicht verbalen Äußerungen und *ihren* Bildern.

Beispiel

Der Therapeut hatte schon seit einigen Wochen mit dem Klienten, einem 19jährigen Mann mit der Diagnose »hebephrene Schizophrenie«, in der oben beschriebenen Weise gearbeitet, als dieser plötzlich zu sprechen begann von:

»Etwas, das da ist, und wahrscheinlich schon immer da war.«

Der Therapeut wiederholte sorgfältig, Wort für Wort, was der Klient gesagt hatte, und sprach behutsam seinen Gesichtsausdruck an. Ganz allmählich wurde das Erscheinungsbild einer

Halluzination sichtbar. Tonbandaufnahmen geben das Erleben des Klienten wieder:
»Ein Bild mit Gefühlen drin – wie ein gemaltes Bild, aber mit Gefühlen drin.« »Riesig, und ist ganz schön in Fahrt.« »Groß, lila, orange und gelb.«
Behutsames Wiederholen und geduldiges Immer-wieder-Aufgreifen der Struktur und des emotionalen Gehaltes (Größe, Farbe, Form, Gefühle) durch den Therapeuten bewirkten, daß sich die Halluzination veränderte:
»Lila, furchterregend, teuflisch, lachend. Grausam und mächtig viel Haß drin.«
Nach wochenlangem geduldigem Wiederholen und Wiederaufgreifen verwandelten sich die Form und das Gefühl in:
»Ein oranges Viereck mit Wut drin.«
Nachdem Therapeut und Klient mehrere Wochen um diese Form und dieses Gefühl gekreist waren, wurde die Halluzination zu einer:
»Frau mit orange Haar – sieht ganz schön gemein aus.«
Und schließlich, aufgrund von beharrlichem Immer-wieder-Aufgreifen dieses Bildes und dieser Gefühle, entpuppte sich die Frau mit den orangefarbenen Haaren als eine Nonne, eine Lehrerin, welche den Klienten in der Schule mit einem Stock geschlagen hatte.
Daraufhin verschwand die Halluzination. Durch das sorgfältige Aufgreifen und Wiederholen ihres Erscheinungsbildes und der damit verbundenen Gefühle war es gelungen, die Halluzination erlebnismäßig auf die traumatische Erfahrung zurückzuführen, die ihr zugrunde gelegen hatte.
Der hier geschilderte Therapieverlauf erstreckte sich über einen Zeitraum von etwa einem halben Jahr.

Prouty bleibt konsequent beim Phänomen, beim Erscheinungsbild, der Form und der Farbe der Halluzination. Auch die räumliche Dimension ist von Bedeutung und muß genau beachtet werden. Halluzinationen und Wahnvorstellungen müssen als Realität des Klienten ernstgenommen werden. Geschieht das nicht, wird der Klient vollends von seinem emotionalen Prozeß abgeschnitten.

Prouty bezeichnet Halluzinationen als *prä-symbolisch:* Das Bild ist da, aber es ist in seiner Bedeutung nicht verständlich, weder für den Klienten noch für den Therapeuten. Therapie heißt hier: Schritt für Schritt mit dem Klienten mitgehen in diesen angstbesetzten Raum, bis dahin, wo die symbolische Bedeutung sich offenbart und die zugrundeliegende traumatische Erfahrung sichtbar wird. Anschließend muß diese Erfahrung behutsam ins Selbst integriert werden. Jemanden bei diesem Prozeß zu begleiten, bis in den Abgrund hinein, stellt hohe Anforderungen an den Therapeuten, nicht nur an seine fachliche Kompetenz, sondern an seine ganze Person.

Es ist natürlich nicht in jedem Fall möglich, die Halluzination aufzulösen oder bis an die Wurzel der Isolation vorzudringen. Aber es hat schon eine gewisse therapeutische Wirkung, wenn wir dem Klienten nicht wie einem »Verrückten« begegnen, sondern wie einem Menschen, dessen befremdliches Verhalten auf konkreten Erfahrungen beruht und für ihn eine Bedeutung hat, die wir nicht verstehen. Mit dieser Haltung sollte den betroffenen Menschen nicht nur in der Therapiestunde, sondern auch im Alltag begegnet werden.

Anwendungsmöglichkeiten im Alltag

Es ist Garry Prouty ein Anliegen, seinen Ansatz bei Mitarbeiterinnen und Mitarbeitern in den verschiedensten Bereichen psychiatrischer Kliniken und Behinderteneinrichtungen bekanntzumachen. Zum Beispiel leitet in einer psychiatrischen Klinik in Gent (Belgien) der Psychologe Dion Van Werde eine ganze Station nach dem Konzept der Prä-Therapie.[21] Und in den USA hat Garry Prouty zweijährige Ausbildungskurse für sogenannte »contact facilitators« durchgeführt. Diese sollen in Alltagssituationen versuchen, die Kontaktfunktionen der Klientinnen auf die beschriebene Weise anzuregen.

Zum Beispiel kann die Betreuerin auf dem Weg zur Dusche sagen: »Wir gehen durch den Flur. Ich mache die Tür auf. Du ziehst dich aus. Das Wasser ist warm. Du spritzt mit dem Wasser. Du lachst.«

Oder der Begleiter auf einem Spaziergang: »Wir gehen nebeneinander. Wir machen große Schritte. Sie halten meinen Arm«, usw.

Oder: Eine von Proutys Schülerinnen hat aus den Kontaktreflexionen ein Spiel gestaltet, eine Freizeitbeschäftigung für geistig behinderte Kinder, die ihnen in erster Linie Spaß machen soll und zugleich auf spielerische Weise ihre Kontaktfunktionen fördert. Es lassen sich noch viele andere Möglichkeiten denken, Kontaktreflexionen im Alltag zu nutzen, beispielsweise auch im Umgang mit verwirrten alten Menschen. Hier können die Bezugspersonen ihre schöpferische Phantasie walten lassen. Voraussetzung ist allerdings, daß alle diese Anwendungsformen auf einer Haltung beruhen, die durch Empathie, Wertschätzung und Kongruenz bestimmt wird, und daß sie niemals abschätzig oder spöttisch wirken. Sie sollen den betroffenen Menschen *Kontakt ermöglichen*, nicht ihr Verhalten kritisieren.

Prouty hat die Wirksamkeit von Prä-Therapie in verschiedenen Forschungsprojekten empirisch untersucht und erhärtet und in zahlreichen Publikationen beschrieben.[22] Inzwischen ist sein Ansatz auch in Europa bekannt geworden. Vor allem in Belgien, Italien und den Niederlanden wurde er aufgegriffen und weiterentwickelt. Auch in Deutschland, wo Prouty seit 1992 mehrmals

---

[21] Siehe Kapitel 10

[22] Siehe Literaturverzeichnis

Seminare durchgeführt hat, ist das Interesse wachgeworden. Im September 1995 ist in Amsterdam das Pre-Therapy International Network gegründet worden, mit dem Ziel, Austausch und Koordination zwischen den verschiedenen Ländern zu fördern.

10 Personzentrierte Arbeit in unterschiedlichen Berufsfeldern

Drei Beispiele aus verschiedenen Ländern und Berufsfeldern, bei denen personzentrierte Grundsätze zum Tragen kommen, sollen

- aufzeigen, wie vielfältig und verschiedenartig personzentrierte Grundlagen in unterschiedlichen Arbeitsbereichen umgesetzt werden können,
- zum Nachdenken anregen, wie personzentrierte Arbeit im eigenen Tätigkeitsbereich aussehen könnte.

Eine psychiatrische Klinik in Belgien

In der psychiatrischen »Kliniek Sint-Camillus« in Gent hat der Psychologe Dion Van Werde eine Abteilung ganz auf den Grundsätzen der Prä-Therapie aufgebaut.[23] Es ist eine offene Abteilung, in der bis zu 20 Patienten mit den unterschiedlichsten Formen psychotischer Störungen Aufnahme finden können. Voraussetzung ist, daß sie mit einer offenen Abteilung zurechtkommen (also zum Beispiel nicht akut suizidgefährdet sind oder ständig weglaufen) und in der Lage sind, sich bis zu einem gewissen Grad an den Aktivitäten der Station zu beteiligen (zum Beispiel an der wöchentlichen Stationssitzung teilzunehmen und kleinere Aufgaben zu übernehmen).

Van Werde definiert die Arbeitsweise auf seiner Abteilung als »personzentriert und realitätsorientiert«. Die Pflegepersonen sind bestrebt, aus der Einfühlung in das Erleben der Patientinnen heraus zu arbeiten, und nicht ihr Verhalten zu interpretieren oder zu verurteilen. Im Zentrum steht die Wiederherstellung und Festigung der Kontaktfunktionen. Die Aufgabe, die Kontakt-

---

[23] Siehe auch: Prouty, Pörtner & Van Werde (1998)

funktionen der Patienten anzuregen und zu fördern, ist nicht dem Psychologen vorbehalten und auf einzelne Therapiestunden beschränkt, sondern prägt auch den Alltag auf der Station. Van Werde geht von der Tatsache aus, daß die Pflegepersonen 24 Stunden am Tag um die Patientinnen sind, in deren Verlauf es zahllose Kontaktpunkte gibt, welche sie aufgreifen können; diese Ressourcen werden genutzt. Die Pflegepersonen setzen Kontaktreflexionen als hilfreiches Mittel ein, um den Patientinnen in *ihrer* Welt zu begegnen und Kontakt herzustellen. Selbst die Putzfrauen werden ermuntert, Kontakt anzuregen, indem sie nicht einfach stumm ihre Arbeit verrichten, sondern den Patienten mitteilen, was sie machen, zum Beispiel: »Jetzt muß ich den Boden naß aufwischen.« Auch das kann dazu beitragen, daß die Patienten mit ihrer unmittelbaren Umgebung Kontakt aufnehmen.

Das Pflegepersonal der Abteilung wird mit den Grundlagen der Prä-Therapie vertraut gemacht. Prouty hat in der Klinik mehrere Seminare durchgeführt. Dion Van Werde sorgt für Vertiefung und Weiterentwicklung, indem er das Team beim Umsetzen des Konzepts in die Alltagsarbeit berät und unterstützt.

Die Pflegepersonen bemühen sich, psychotisches Verhalten der Patientinnen zu reflektieren, wo immer das geht und vereinbar ist mit der Verantwortung für die gesamte Abteilung. Das heißt, das Pflegepersonal geht soweit wie möglich auf die Patienten ein, aber ebenso werden die Regeln und Gegebenheiten der Abteilung als Teil der Realität anerkannt und berücksichtigt. »Im Alltag der Station bemühen wir uns ständig, Brücken zu bauen zwischen diesen beiden Interessenbereichen. Für den psychotherapeutischen Prozeß eines Patienten kann es sehr wichtig sein, sich auf dem Boden herumzuwälzen und zu schreien, aber für die Abteilung bedeutet es eine massive Störung. Eine Brücke kann zum Beispiel sein, zunächst einmal auf das Schreien einzugehen, es zu reflektieren, eventuell auch das, was sich in Gesicht und Körper des Patienten ausdrückt, anzusprechen, aber dann auch etwas gegen das Schreien zu unternehmen, falls es zu laut oder unzumutbar wird für die anderen Patienten. Oder vielleicht ist es möglich, mit ihm einen Raum aufzusuchen, wo das Schreien niemanden stört.«[24] Solche »Brücken« erfüllen ein zentrales Postulat des personzentrierten Konzeptes: ein angemessenes Gleichgewicht zwischen Rahmen und Spielraum finden.

Ein Beispiel für das Verwenden von Kontaktreflexionen im Klinikalltag: »Christiane stapft ins Stationszimmer, bleibt stehen und blickt starr geradeaus. Sie befindet sich offensichtlich in einem völlig abwesenden, in sich abgekapselten Zustand. Dennoch ist sie zu den Pflegerinnen ins Stationszimmer gekommen. Anstatt sie gleich wieder in ihr Zimmer zu schicken oder sie zu belehren, daß sie anklopfen müsse, bevor sie das Stationszimmer betritt, spricht eine Pflegerin einfühlend an, was vor sich geht: ›Sie stehen im Stationszimmer (Ansprechen der Situation) ... Sie schauen zum Fenster hinüber (Ansprechen der Situation) ... Ihr Blick ist starr (Ansprechen des Gesichtsausdruckes).‹ Diese Reflexionen scheinen Christiane den Zugang zu ihren Gefühlen zu ermöglichen und etwas zu lösen, was sich auf eine Weise in ihr festgesetzt hatte, mit der sie nicht fertig wurde. Sie sagt jetzt: ›Ich habe Angst, daß meine Mutter stirbt!‹ Dann dreht sie sich um und geht in den Aufenthaltsraum. Obschon die Intervention der Pflegerin nur ganz kurz und methodisch sehr einfach war, konnte der halb-psychotische Zustand überwunden werden. Christiane hat sich wieder in der Kontrolle, sie hat den Zugang zu ihrem Gefühl gefunden und kann es mitteilen, jetzt kann sie wieder selber zurechtkommen und braucht im Augenblick keine besondere Aufmerksamkeit mehr.«[25] So kann durch einfühlsames Ansprechen der Situation und des Gesichtsausdruckes ein Stück Normalität wiederhergestellt und eine weitere Eskalation vermieden werden. »Wir reagieren normal, auch auf bizarre Elemente«, erklärt Dion Van Werde im Gespräch – übereinstim-

---

[24] Van Werde (1993/95)
[25] Van Werde (1994)

mend mit dem Grundsatz »Von der Normalsituation ausgehen«, den ich in den »Richtlinien für den Alltag« formuliert habe.

»In Kontakt sein bedeutet auch, die Psychose eingrenzen«, sagt Van Werde, »zu merken: ›Ich bin heute traurig‹, heißt auch wahrnehmen: ›Ich bin nicht ganz und gar psychotisch, ich bin auch traurig‹.« Kontakt aufnehmen erfordert wahrnehmen können. Deshalb wird auf der Abteilung versucht, die Wahrnehmung der Patienten auf verschiedenen Ebenen und in vielfältiger Weise zu sensibilisieren.

Zum Beispiel wurden in einer Gruppensitzung die Patientinnen angeregt, die Geräusche aufzuzählen, die sie hörten. Sie zählten auf: Vogelgezwitscher im Park, Verkehr auf der Straße, Schritte im Flur, Geschirrklappern nebenan, die Stimme meines Vaters. Das wird vom Team angesprochen: Der Patient hört plötzlich die Stimme seines Vaters, welche die anderen nicht hören, aber er hört auch den Verkehrslärm, den die anderen hören. Er wird auf diesen Unterschied aufmerksam gemacht: Es gibt eine gemeinsame Realität und eine persönliche Realität. Der Patient hat beides wahrgenommen: seine innere Stimme und den Verkehrslärm. Das heißt wiederum: Er ist nicht *nur* psychotisch, er nimmt auch reale Geräusche wahr. Dieses Unterstützen der starken, gesunden Seiten ist für Van Werde sehr wichtig. Wenn die Patienten wieder mehr Boden unter den Füßen spüren, sich besser verankert fühlen, können sie auch mit ihren psychotischen Seiten besser zurechtkommen. Van Werde vergleicht ihren Zustand mit einem Baum, dessen Krone wild und üppig wuchert, der aber nur ganz schwache Wurzeln hat. »Wir müssen an den Wurzeln arbeiten, nicht grundsätzlich die Krone beschneiden oder immer nur an der Krone arbeiten«, sagt Dion Van Werde. Das ist ein sehr schönes Bild für das personzentrierte Prinzip: Jede Wahnidee, jedes noch so »verrückte« Verhalten hat für den betreffenden Menschen eine Bedeutung im Sinne von Proutys Begriff »prä-expressiv«, und es geht nicht darum, das »wegzutherapieren«, sondern mit der Patientin zusammen dieser Bedeutung auf die Spur zu kommen und Wege zu suchen, um anders und besser damit leben zu können.

Eine feste Einrichtung ist die von Van Werde geleitete wöchentliche Stationssitzung, an der jeweils alle Patienten und einige Teammitglieder teilnehmen. Die Sitzung findet am Donnerstag statt, und es wird darauf geachtet, daß die Pflegepersonen, die am darauffolgenden Wochenende Dienst haben, auf jeden Fall anwesend sind, damit sie informiert sind, was vor sich geht und was die Patienten beschäftigt. Die Sitzung dient verschiedenen Zwecken: Die Patienten können ihre Anliegen vorbringen, das Freizeitprogramm, das sie selber gestalten, wird besprochen, es wird geklärt, wer in der folgenden Woche welche Aufgaben übernimmt. Auch das Team bringt seine Anliegen vor und gibt Informationen bekannt. Insofern unterscheidet sich diese Versammlung kaum von solchen, die auch anderswo durchgeführt werden. Das Besondere daran ist der Schwerpunkt, auch in diesem Rahmen: »Der rote Faden in der wöchentlichen Stationssitzung ist das Wiederherstellen und Festigen der Kontaktfunktionen.«[26]

Dion Van Werde eröffnet die Sitzung jedesmal mit dem Hinweis: »Heute ist Donnerstag, der Soundsovielte, es ist 15 Uhr 45, wir haben jetzt unsere Stationssitzung, sie dauert 45 Minuten bis 16 Uhr 30. Wir sind hier, um zu versuchen, miteinander ins Gespräch zu kommen. Wir können hier über alles mögliche sprechen, das Wetter, die angebotenen Programme, aktuelle Ereignisse, die Hausarbeit. Wenn Sie Anliegen haben, die für diesen Rahmen zu persönlich oder zu privat sind, besprechen Sie sie bitte mit Ihrem Therapeuten, einer Pflegeperson oder Ihrem Psychiater.« Das soll den Patientinnen eine Stütze geben, sich in der Zeit zu orientieren, es soll sie anregen, miteinander Kontakt aufzunehmen, aber auch deutlich machen, daß es sich bei dieser Sitzung nicht um Gruppentherapie handelt und niemand sich unter Druck fühlen soll, persönliche Bekenntnisse ablegen zu müssen.

---

[26] Van Werde (1993/95)

Wo es nötig und möglich ist, reagieren die Teammitglieder mit Kontaktreflexionen, wenn sich im Verhalten eines Patienten psychotische Elemente zeigen: »Zum Beispiel steht Chantal plötzlich auf, zeigt auf das Fenster und sagt: ›Ich sehe sie wieder. Sie bewegen sich.‹ Ich wiederhole das Wort für Wort und spreche ihren verängstigten Gesichtsausdruck an. Das scheint sie auf den Boden zurückzuholen. Sie sieht sich um, nimmt die Gruppe wieder wahr, setzt sich, und wir können die Versammlung fortsetzen. Die Gruppe ist erleichtert, daß sie wieder bei uns ist und daß auf eine psychotische Episode nicht unweigerlich mit Repression, sondern akzeptierend und verständnisvoll reagiert wird.«[27]

Auch die Realität im weiteren Umfeld wird angesprochen, zum Beispiel: »Heute ist Allerseelen.« Solche Bezüge können helfen, die gerade erst wiederhergestellten Kontaktfunktionen weiter auszubauen und zu festigen. Vielleicht erinnert sich jemand an Angehörige, die gestorben sind, und stellt fest: »Ich bin traurig.« Dieses Gefühl wird angesprochen, aber – im Rahmen der Stationssitzung – nicht, um therapeutisch darauf einzugehen, sondern um der Patientin zu vermitteln, daß ihre Befindlichkeit wahrgenommen und verstanden wird. Vielleicht geht es anderen ähnlich. Wenn die Patienten dies gegenseitig wahrnehmen, entsteht Kontakt. Oder jemand vom Team weist darauf hin: »Morgen ist Feiertag im deutschsprachigen Teil von Belgien.« Vielleicht fällt manchen Patienten erst jetzt auf, daß es in Belgien auch einen deutschsprachigen Bevölkerungsteil gibt, und sie stellen Fragen, oder eine Patientin erinnert sich an Bekannte, die in diesem Gebiet leben. All das sind Ansatzpunkte für Realitätskontakt.

Besonders interessierte Pflegepersonen übernehmen manchmal spezielle Projekte mit einer Patientin oder einer kleinen Patientengruppe. Oder Praktikanten führen im Rahmen ihrer Ausbildung ein Projekt durch. Zum Beispiel versucht eine Praktikantin, für einen jungen Mann, der sich nicht in der Zeit orientieren kann,

---

27 Van Werde (1993/95)

immer zu spät kommt und dadurch das meiste verpaßt, ein Lernprogramm zu entwickeln. Sie hängt an die Wand in seinem Zimmer eine große Uhr und einen farbigen Tagesplan, den sie für ihn aufgezeichnet hat. Morgens bespricht sie Schritt für Schritt mit ihm, was ansteht. Er macht mit und scheint zu verstehen. Doch sobald sie aus dem Zimmer ist, hat er alles vergessen und kommt überall zu spät. »Solange jemand keinen Kontakt zu sich selber hat, sind Lernprogramme wirkungslos«, stellt Dion Van Werde fest. Er hat jedoch beobachtet, daß der junge Mann die Praktikantin spontan grüßt, wenn er ihr auf dem Flur begegnet, was er bei anderen nicht tut. Es ist zwar nicht gelungen, ihm eine bestimmte Fertigkeit anzutrainieren, aber auf einer viel tieferen Ebene ist eine zwischenmenschliche Beziehung im Entstehen begriffen. Genau an dieser Stelle sieht Van Werde einen Kontaktpunkt, bei dem die Praktikantin ansetzen könnte. Oder eine Pflegeperson hat mit einigen Patienten Tulpen gepflanzt. Jede Woche gehen sie nachschauen, wie weit die Tulpen sind. Sie bemerken zum Beispiel: »Vor einer Woche sah man gar nichts. Jetzt schaut eine kleine grüne Spitze heraus.« Auch das ist Realitätskontakt. In einem anderen Projekt[28] wurde versucht, mit Hilfe der Innendekoration die »kulturelle Verankerung« der Patienten zu fördern. Der Aufenthaltsraum wurde mit den verschiedensten Insignien flämischer Identität ausgeschmückt: Fahnen, Plakate, Bilder von bekannten Gebäuden in Flandern und von flämischen Sportlern, typische Gebrauchsgegenstände etc. Damit sollte nicht nur etwas gegen die Krankenhausanonymität getan, es sollten den Patientinnen auch Möglichkeiten und Impulse gegeben werden, sich auf ihre flämische Identität zu besinnen, sei es über das Interesse am Sport, sei es über irgendeinen anderen Bezugspunkt, der sie ansprach. All das sind Möglichkeiten, beiläufig und ohne die Patienten zu bedrängen, auf ganz verschiedenen Ebenen Realitätskontakt anzuregen.

Auch einer der Beschäftigungstherapeuten ist dazu übergegan-

[28] Van Werde & Van Akoleyen (1994)

gen, weniger produktbezogen zu reagieren (»Das ist schön geworden«, »Wann wird es fertig?« etc.), sondern vermehrt auf die Patienten selber einzugehen, und zwar auf der Ebene, auf der sie sich gerade befinden: »Sie malen mit einem gelben Farbstift« (Situation ansprechen), »Gestern haben Sie ein Gesicht gezeichnet« (Wiederaufgreifen), »Heute zeichnen Sie ein Gesicht« (Situation ansprechen) oder: »Sie sagen, es sei schlimm für Sie, hier zu sitzen« (Wort für Wort wiederholen), »Sie sehen heute traurig aus« (Gesichtsausdruck ansprechen), usw. So wird der Befindlichkeit der Patientin Raum gegeben, es kann ein Kontakt entstehen zum Material und zum Therapeuten, der sie ein Stück weit hinausführt aus der autistischen Abkapselung.[29]

Die Voraussetzungen, unter denen Van Werde in dieser Klinik arbeiten konnte, waren zunächst nicht in allen Punkten ideal. Der Stellenwert seiner Arbeit war unklar definiert – er fühlte sich zeitweise mehr geduldet als unterstützt. Solange die Abteilung nicht auffiel, hatte er relativ freie Hand, doch durfte nichts aus dem Rahmen fallen. So mußte das Namensschild »Contact«, das Van Werde an der Eingangstür angebracht hatte, wieder entfernt werden: Eine Station mit einem eigenen Namen war nicht erwünscht. Inzwischen wird die Bedeutung seiner Arbeit zunehmend anerkannt. Mit Genugtuung wird registriert, daß sich Besucher aus dem Ausland für die Abteilung interessieren, sie werden sehr zuvorkommend und freundlich empfangen. Van Werde räumt denn auch ein: »Vielleicht beinhaltet das, was ich als Dulden empfinde, mehr Unterstützung, als ich meine, es geschieht nur nicht so offensichtlich. Es entspricht eben auch der Lebenseinstellung der Nonnen, welche die Klinik betreiben, daß man seine Arbeit unauffällig tut, ohne viele Worte zu machen.«

Offensichtlich wird die Unterstützung der Klinik dadurch, daß sie seit 1998 Sitz des »International Pre-Therapy Network« ist und für dessen Veranstaltungen großzügig ihre Räumlichkei-

[29] Mulkers & Van Werde

ten zur Verfügung stellt. Lange Zeit hat Van Werde wenig Einfluß auf die Auswahl neuer Mitarbeiter gehabt. Deshalb konnte ein Wechsel im Team unter Umständen ernstlich gefährden, was bisher erreicht wurde. Das ist heute anders. Von den Ärzten wird seine Arbeit in unterschiedlichem Maß, doch zunehmend, aktiv unterstützt. Was Dion Van Werde unter den gegebenen Umständen geschaffen hat kann nicht hoch genug eingeschätzt werden – ein anspornendes Beispiel dafür, wie auch ein einzelner in einer Institution etwas in Bewegung setzen kann. »Man muß auch dem System mit Empathie begegnen, dann ist vieles möglich«, meint Dion Van Werde.

Ein Kinderheim im Ruhrgebiet

Petr Ondracek, heute Professor für Didaktik/Methodik der Heilpädagogik an der evangelischen Fachhochschule in Bochum, leitete in den achtziger Jahren ein Heim für 60 Kinder und Jugendliche im Ruhrgebiet. Er übernahm mit dieser Aufgabe zugleich den Auftrag, die veralteten Strukturen der Einrichtung den veränderten Anforderungen der Zeit anzupassen. Das Heim, das auf eine lange Tradition zurückblickte, war im Zweiten Weltkrieg durch Bomben zerstört und nach dem Krieg wiederaufgebaut worden. Nach dem Neubeginn hatte es zunächst vorwiegend Kriegswaisen beherbergt, später wurden immer mehr verhaltensauffällige Kinder, Kinder mit Entwicklungsstörungen, Kinder aus schwierigen Familienverhältnissen aufgenommen. Anfang der achtziger Jahre arbeitete das Heim immer noch nach einem Konzept, das den Vorstellungen der Nachkriegszeit entsprach: zentral organisiert und darauf ausgerichtet, die »armen Kinder«, die im Krieg schon so viel mitgemacht hatten, von allen Belastungen fernzuhalten und restlos zu versorgen. Das war nicht mehr zeitgemäß und entsprach weder den damaligen pädagogischen Erkenntnissen noch den Anforderungen der einweisenden Jugendbehörden.

Ondracek wollte seine personzentrierte Orientierung in diese Arbeit einbringen. »Damit habe ich einige Bauchlandungen gemacht und bin an Grenzen gestoßen, aber ich habe auch einiges erreicht«, sagt er rückblickend. Die Bauchlandungen hatten viel damit zu tun, daß in den personzentrierten Ausbildungsgängen, an denen er teilgenommen hatte, der unterschiedliche Kontext von Psychotherapie und anderen Berufsfeldern nicht ausreichend thematisiert worden war. Das hat ihn dazu verleitet, alles therapeutisch zu betrachten und von einem Gefühl der Grenzenlosigkeit auszugehen, das ihn bald ins Schleudern brachte. Schiefgelaufene Versuche zeigten ihm Grenzen auf und lehrten ihn, daß die Wirksamkeit der personzentrierten Haltung vom situativen Kontext abhängig ist. »Es gibt Grenzen, die in mir liegen, an denen ich arbeiten kann, aber es gibt auch Grenzen in der Realität, die ich respektieren muß«, hat Petr Ondracek erkannt. Seine Erfahrung bestätigt einmal mehr, wie unerläßlich es in der personzentrierten Arbeit ist, die Rahmenbedingungen einer Situation klar zu erkennen und zu beachten. Das wurde Petr Ondracek in der Praxis sehr schnell deutlich.

Was heißt für ihn personzentriert? »Für mich bedeutet personzentriert in erster Linie Orientierung: mich orientieren in mir selber, im anderen und in unser beider Kontext und dem anderen ermöglichen, sich in ähnlicher Weise zu orientieren. Dazu muß ich mich öffnen und den Kontext der Situation nicht leugnen, sondern berücksichtigen. Das ist meine Verantwortung in nicht therapeutischen Arbeitsfeldern. Da geht es darum, das wachstumsfördernde Potential im Alltag zu erkennen und nutzbar zu machen. Das kann personzentrierte Haltung in der pädagogischen Tätigkeit leisten: Raum für Wachstum und neue Erfahrungen öffnen. Es ist eine akzeptierende Haltung, die anbietet, anstatt zu fordern, die auch ein Nein des anderen akzeptieren kann und sich um Kooperation bemüht. Und hier ist schon die erste Grenze: Wenn der andere nicht daran interessiert ist zu kooperieren, komme ich damit zunächst nicht weiter. Kinder, deren

Verhalten außerhalb der Erwartungsnorm liegt, sind oft nicht dazu bereit. Auch manche Mitarbeiter werden durch eine anbietende Haltung des Chefs verunsichert und vermuten einen Haken. Solche Grenzen sind nicht leicht aufzulösen. Sie auflösen heißt, soweit übereinzukommen und uns gegenseitig soweit zu akzeptieren, daß wir für die Sache, um die es geht, zusammenarbeiten können. Wir werden dafür bezahlt und sind dazu da, daß Kinder in ihrer Entwicklung gefördert und stabilisiert werden, und das geht mit Zusammenarbeit besser als ohne Zusammenarbeit.«

Die Einzelheiten der notwendigen Umstrukturierung sollten nicht über die Köpfe der Beteiligten hinweg entschieden, sondern gemeinsam als Problem angesprochen und überlegt werden. Sowohl bei den Kindern und Jugendlichen wie bei den Mitarbeiterinnen bestanden jedoch zum Teil massive Ängste vor Veränderung, die sich lähmend auswirkten. Nicht immer gelang es, ihre aktive Beteiligung zu gewinnen. Manche Dinge mußten dann einfach entschieden werden, zum Beispiel die Auflösung der Großküche und die Selbstversorgung der Gruppen. Zwar hatten die Mitarbeiterinnen das teilweise selber gewünscht, aber dann kam wieder die Angst vor der Verantwortung. Die Veränderung wurde angeordnet, zunächst als Versuch für ein Jahr, dann sollte erneut reflektiert und entschieden werden, was weiter geschehen sollte. So hatten die Mitarbeiter die Möglichkeit, Schritt für Schritt Erfahrungen zu machen, die Vor- und Nachteile einer Veränderung abzuwägen und sich – wenn sie das wollten – immer wieder am Entscheidungsprozeß zu beteiligen.

Um eine kontinuierliche Beziehungsarbeit zu gewährleisten, wurde eine weitere Entscheidung getroffen: In einigen Gruppen sollte die Schichtarbeit durch das Mitwohnen der Mitarbeiterinnen ersetzt werden. Da dies damals als pädagogische Notwendigkeit angesehen wurde, konnten die Mitarbeiter in diesem Punkt nicht mitentscheiden, aber sie wurden eingehend über die geplante Maßnahme und die Gründe, die dazu führten, informiert. Sie bekamen Zeit, sich die Sache zu überlegen und sich dann als erste für diese Gruppen zu bewerben. Nur diejenigen, die nicht bereit waren, auf dieser Basis zu arbeiten, sollten durch neue Mitarbeiterinnen ersetzt werden. Auf diese Weise konnten aus den eigenen Reihen vier Gruppen nach dem neuen Konzept aufgebaut werden. (Zwei davon bestehen heute noch.)

In seiner Funktion als Heimleiter stand für Petr Ondracek nicht Kontrolle im Vordergrund, sondern beratende Kooperation. Gemeinsam wurde besprochen, was sich ereignet hatte, woran es lag, welche Notwendigkeiten sich daraus ergaben, etwas zu verändern oder Unterstützung zu leisten. Transparenz war ihm wichtig, aber nicht, um Sanktionen zu verhängen, sondern um herauszufinden, wie etwas zustande gekommen war und was sich allenfalls anders organisieren ließe. »Man darf Fehler nicht verantwortungslos durchgehen lassen, aber daß Fehler passieren, muß akzeptiert werden«, meint er. »In dieser Arbeit gibt es immer wieder Situationen, für die uns kein Rezept zur Verfügung steht. Die Quote der Handlungen, die nicht in die gewünschte Richtung gehen, ist ziemlich groß, das liegt in der Natur der Situation. Ich wollte die Menschen dafür gewinnen, an den Alltagsereignissen zu wachsen, sich zu entwickeln, den gewohnten Pfad zu verlassen und neue Erfahrungen zu machen. Auch da gibt es Grenzen, auf die aufgepaßt werden muß. Wie alles auf der Welt kann auch dieser freie Rahmen mißbraucht werden, zum Beispiel um zu manipulieren oder sich im Team gegenseitig auszutricksen. Wenn so etwas geschah, entstand für die Kinder wieder eine ähnliche Situation wie in der Familie, so daß sie keine neuen Erfahrungen machen konnten. Und das widersprach ganz klar unserer Aufgabe. Wenn ich merkte, die Sache war nicht mehr das Wichtigste, dann mußte ich darauf hinweisen. Es bedurfte ständiger Aufmerksamkeit, nicht kontrollierend, sondern wahrnehmend und empathisch auch für die Situation, um in solchen Fällen rechtzeitig einzugreifen. Schließlich wurde ich dafür bezahlt, daß ich die Grenzen nicht einfach unberücksichtigt ließ, sondern mit ihnen arbeitete. Es ist ein Pulsieren zwischen Freiraum und dem Sich-Zeigen der Grenzen.«

Auch in der direkten Arbeit mit den Kindern sieht Petr Ondracek den personzentrierten Ansatz als wertvolle Orientierungshilfe. Er erläutert das an einem Beispiel:

»Die vierjährige Kathi war zuhause sehr verwöhnt, beherrschte die Familie. Das war im Kinderheim anders, da war sie nicht durchgehend das wichtigste Kind. Auch andere haben Aufmerksamkeit auf sich gezogen. Teilweise konnte sie das mit ihrem Kleinsein lösen. Sie schlich sich am Vormittag aus der Gruppe, besuchte die Leute in den Büros, bekam die gewünschte Aufmerksamkeit. Sie kam auch zu mir. Wenn ich zu tun hatte, reflektierte ich zuerst ihr Bedürfnis nach Zuwendung: ›Du möchtest jetzt, daß ich mich um dich kümmere‹, und sagte dann, wie es mir damit ging: ›Ich mag dich gern und wäre jetzt gerne ein bißchen mit dir zusammen, aber …‹ Das war der situative Kontext: ›Ich kann jetzt nicht. Du mußt in die Gruppe gehen, du kannst hier nicht bleiben. Wenn ich fertig bin, dann komme ich nach oben zu dir. Dann können wir zehn Minuten etwas miteinander machen.‹ Das hat gewirkt, sie war zwar nicht glücklich damit, aber die Situation war für sie klar. Ich habe erkannt, worum es ihr geht, ich habe es akzeptiert und sie nicht getadelt. Sie hat erfahren, daß ihre Art bei mir nicht auf Ablehnung stößt, sondern daß es in der momentanen Situation nicht möglich war, ihren Wunsch zu erfüllen. Er wurde auch nicht restlos gestrichen, ich habe ihr ein Angebot gemacht und es zugleich begrenzt auf zehn Minuten. Das hat dazu beigetragen, daß Kathi keinen Aufstand gemacht hat. Das war sonst die Steigerung ihrer manipulativen Verhaltensweise. Wenn sie in das Dienstzimmer auf ihrer Gruppe kam und die Erzieher gerade ein Gespräch führten oder telefonierten, sagten sie zu ihr: ›Du störst hier, geh bitte weg.‹ Dann machte sie Theater, legte sich auf den Boden, mußte hinausge-

tragen werden in ihr Zimmer. Es gab Konsequenzen, die Situation eskalierte. Und Kathi hatte ihre Aufmerksamkeit. Das haben die Mitarbeiterinnen nicht gemerkt, daß sie auf diese Weise sehr wohl zu ihrem Ziel kam, wenn auch in einer für alle Beteiligten unerfreulichen und aufreibenden Weise.
Das Beispiel zeigt, wie die personzentrierte Haltung im pädagogischen Alltag bewirken kann, daß weniger negativ gefärbte Interaktionen erlebt werden. Diese Art des Vorgehens führt wiederum zu dreifacher Orientierung: in mir, im anderen, im situativen Kontext, und dann kann ich handeln. Auch das Kind bekommt so eine Chance, sich zu orientieren und sich anders zu verhalten als nach seinem üblichen Muster. Es kann eine neue Erfahrung machen.«

Ondracek arbeitete immer wieder gerne aushilfsweise auf der Gruppe, wenn es Engpässe gab. Das machte ihm Spaß. »Wahrscheinlich, weil ich nicht jeden Tag da arbeitete«, gibt er unumwunden zu, »der Alltagstrott macht viele Leute unsensibel für die schönen Seiten dieser Arbeit«. Und er schildert wiederum ein Beispiel:

»Ich übernahm für einen erkrankten Mitarbeiter den Abenddienst. Mir persönlich ist es ein wichtiges Anliegen, wenn der Tag zu Ende geht, eine Gemeinschaft zu erleben, wo wir uns sagen können: Schön, daß ihr da seid, schön, daß ich da bin – aber wiederum nicht als Forderung, sondern als Angebot, als mein persönliches Anliegen. Das Abendbrot auf den Gruppen war oft so ein Tauziehen: Die Kinder wollten möglichst schnell weg vom Tisch, sie kamen zu spät oder hauten schnell wieder ab. Meine Aussage bewirkte nicht, daß die Kinder nun besonders ruhig waren, aber sie blieben. Wir aßen nicht allzu schnell, unterhielten uns, es war gemütlich – es war eine gemeinschaftliche Situation. Auch nach dem Essen war es nicht besonders hektisch, es zog die Kinder nicht mehr nach draußen – es war eine angenehme Atmosphäre in der Gruppe. Als es Zeit war, habe ich die Kinder aufgefordert, ins Bett zu gehen, klar und ohne große Diskussionen. Es war relativ schnell Ruhe. Am nächsten Tag berichtete mir der Erzieher, die Kinder hätten beim Frühstück erzählt, wie schön es gestern abend gewesen sei. Das hat mir bestätigt, wie diese Einstellung einiges dazu beitragen kann, für die Mehrheit der Beteiligten eine angenehmere Atmosphäre zu schaffen. Aber das kann man nicht erzwingen. Ich habe mich geöffnet, habe von meinem Bedürfnis gesprochen und geschaut, was das bewirkt. Ich bot Raum an, um gemeinsam für die Befriedigung dieses Bedürfnisses zu sorgen. So kann man punktuell auch im Alltag schöne Augenblicke schaffen. Es hätte auch anders sein können, daß mein Bedürfnis nicht dem ihren entsprochen hätte, dann hätte es sich anders gestaltet. Auch hier geht es wieder um Orientierung. Ich meine nicht, daß es unbedingt so laufen muß, wie es mir paßt. Aber ich habe den Mut zu sagen: Das bin ich, das ist mir wichtig – und wenn es nicht klappt, dann weiß ich, woran ich bin, und kann mich darauf einstellen. Und das Kind auch, das ist etwas ganz anderes, als wenn so etwas als Regel daherkommt. Kinder haben sehr feine Nasen für schwache Stellen, merken genau, wenn der andere sich versteckt, und da wird dann gedrückt.«

Wie hat der Heimleiter die Mitarbeiter, die mehrheitlich eine andere padägogische Orientierung hatten, motivieren können, mit einer solchen Haltung zu arbeiten? Ondracek setzte vor allem auf Weiterbildung, Supervision und Ermutigung zu neuen Erfahrungen. Aber es war nicht einfach, die Mitarbeiter dafür zu gewinnen. Dabei ist Ondracek überzeugt: »Es gibt Möglichkeiten, mit dem belastenden pädagogischen Alltag so umzugehen, daß die Belastung nicht so groß ist, vorausgesetzt, sie sind imstande, das Geschehen zu reflektieren, sich darin zu orientieren und die eigenen Anteile zu erkennen. Doch das löste Angst aus, Befürchtungen, sie könnten nicht gut sein, nichts taugen, etwas falsch machen. Es galt, diese Befürchtungen umzuwandeln in die Erkenntnis: ›Ich kann nicht immer tadellos o.k. sein, es gibt immer wieder Situationen und Momente, wo es anders läuft, als ich gerne möchte.‹ Das ist ein Kraftakt, den nicht alle geschafft haben. Manchmal haben Krisen die Bereitschaft, Supervision zu akzeptieren, gefördert. Vielleicht habe ich auch mit dem eigenen Beispiel etwas bewirkt. Ein Teil der Mitarbeiterinnen war bereit, diese Schritte zu machen. Das hat gut geklappt, hat ihre Handlungskompetenz und ihre Orientierung gefördert. Andere waren nicht dazu zu bewegen, weil ihre Angst zu groß war. Da mußte ich ein klares Wort sprechen, weil ich als Leiter und als Fachmann verantwortlich bin, daß die Sache sich weiterbewegt. Und wenn die Mitarbeiter dazu beitragen können, indem sie sich selbst reflektieren und prüfen, dann muß ich darauf bestehen, daß sie das auch tun.«

Das durchzusetzen empfand Petr Ondracek als eine der schwierigsten Aufgaben seiner Heimleiterzeit. Er versuchte es im Rahmen des Machbaren auf personzentrierte Weise, indem er themenzentrierte Gespräche anbot, Fallbesprechungen und pädagogische Konferenzen veranstaltete, in denen ausführlich überprüft wurde, was sich bei den verschiedenen Kindern im Laufe des Jahres ereignet hatte. Was war aus den gesteckten Zielen geworden, warum war dieses erreicht worden und jenes nicht, was war jetzt erforderlich? Solche Fragestellungen führten oft dazu, daß die Mitarbeiterinnen selber zu der Einsicht kamen, daß sie eigentlich anders mit der Situation umgehen müßten. Aber diese Erkenntnis in die Tat umzusetzen, war ein langer und mühsamer Weg. So vieles war festgefahren und eingeschliffen. Doch da vertrat Ondracek eine ganz klare Haltung: Der Alltag im Heim mußte so gestaltet werden, daß die Kinder sich in ihrer Entwicklung stabilisieren und neue Erfahrungen machen konnten. Wenn das gefährdet war, stellte er klare Bedingungen: Entweder die betreffenden Mitarbeiter waren bereit zu Supervision und Beratung bei der Alltagsbewältigung, damit sich ihre Handlungskompetenz erweitern konnte, oder ihre Stelle mußte neu besetzt werden.

Diese Klarheit fiel Ondracek zunächst schwer. Sie widersprach seinem Wunsch, personzentriert zu arbeiten. Die Erfahrung lehrte ihn, daß das nicht unbegrenzt möglich ist, sondern dort an Grenzen stößt, wo die Sache, um die es geht, gefährdet ist. Personzentrierte Arbeit muß die Rahmenbedingungen der Institution berücksichtigen und ihren Auftrag in den Mittelpunkt stellen. »Das Heim ist für die Kinder da, nicht für die Therapie der Mitarbeiter«, bringt Petr Ondracek diese Erkenntnis auf den Punkt.

Das Beispiel zeigt, wie sowohl auf der organisatorischen Ebene als auch in der direkten pädagogischen Arbeit Spielraum für personzentrierte Arbeit vorhanden ist, vorausgesetzt, der Rahmen – oder, wie Ondracek es nennt: der situative Kontext – wird klar gesehen und berücksichtigt.

Gemeindearbeit in Südafrika[30]

Rini Schenck arbeitet an der University of South Africa in Pretoria, Department of Social Work, wo sie Entwicklungsprojekte für schwarze Gemeinden betreut. Sie stellt fest, daß es in dieser Arbeit, bei der unterschiedliche kulturelle Vorstellungen aufeinanderstoßen, geradezu eine Notwendigkeit ist, personzentriert vorzugehen, weil sonst oftmals über die Köpfe der Betroffenen hinweg Entwicklungsprojekte realisiert werden, die zwar gut gemeint sind, aber den Bedürfnissen derjenigen, für die sie gedacht sind, gar nicht entsprechen. Sie erläutert das an einem Beispiel:

---

30 Dieser Abschnitt beruht auf einem mündlichen Bericht Rini Schencks anläßlich des Sixth International Forum on the Person-Centered Approach in Leptokaria (Griechenland) Juli 1995.

Nach den Wahlen, welche die Apartheid beendeten, konnten die Arbeiter einer Diamantmine ihre Familienangehörigen zu sich holen, um mit ihnen zusammenzuleben. Auf dem Gelände der Mine wurde ihnen ein großes, mehrstöckiges Haus mit Wohnungen zur Verfügung gestellt. »Ein für meine – weißen – Begriffe sehr schönes und komfortables Haus«, betont Rini Schenck. Aber die schwarzen Minenarbeiter und ihre Familien mochten dort nicht einziehen. Sie errichteten statt dessen auf einem brachliegenden Feld nebenan notdürftige Unterkünfte aus Wellblech und Brettern und benutzten das zur Verfügung gestellte Haus lediglich, um dort Wasser zu holen. In ihren selbstgebastelten Unterkünften gab es weder Wasser noch Strom noch Kanalisation, die hygienischen Verhältnisse waren katastrophal, bei Regen versank die slumartige Siedlung im Schlamm.

Kommentare wie: »Da sieht man es, die Schwarzen sind eben primitiv, sie wollen es gar nicht besser«, lagen nahe und blieben nicht aus. Rini Schencks Arbeitsgruppe, die beauftragt wurde, die Slumbewohner zum Umziehen zu bewegen, kam zu ganz anderen Schlüssen. In ausführlichen Gesprächen stellte sich heraus, daß es für die in dörflichen Gemeinschaften aufgewachsenen Menschen unvorstellbar war, auf verschiedenen Stockwerken übereinander in einem einzigen großen Haus zu wohnen. Sie brauchten eigene Hütten für jede Familie, zu ebener Erde, mit einem Stückchen Land drumherum und durch Wege verbunden, auf denen sie leicht zueinander gelangen konnten. Das war für sie wichtiger als Wasser und Elektrizität, obwohl sie diesen Komfort keineswegs ablehnten. Es hätte wenig Sinn gehabt, die Leute zu zwingen, in das Haus einzuziehen. Statt dessen schlugen die Sozialarbeiter vor, ihnen Baumaterial zur Verfügung zu stellen, damit sie solidere Behausungen bauen konnten, die Siedlung mit Wasser-, Strom- und Kanalisationsanschlüssen zu versorgen und die Wege zu befestigen, so daß sie auch in der Regenzeit begehbar waren. Das war möglich, weil das Gelände zur Mine gehörte. Zudem war es eine kostengünstige Lösung, und die Menschen waren zufrieden.

Noch viel günstiger wäre es gewesen, die Leute schon früher zu befragen und sie an der Planung zu beteiligen, wie das bei den Projekten, die von Anfang an durch Schencks Arbeitsgruppe betreut werden, grundsätzlich geschieht. Ein Beispiel:

> Im Rahmen eines Entwicklungsprojektes wünschen sich die Frauen einer Siedlung eine Kinderkrippe. Anstatt diese nun ohne weiteres Nachfragen einzurichten, wird zunächst mit den Frauen besprochen, warum sie sich das wünschen, was sie sich konkret darunter vorstellen und davon erwarten. Es stellt sich heraus, daß sie gerne arbeiten möchten, um das Familieneinkommen zu verbessern. Das ist durchaus realistisch, denn Arbeitsmöglichkeiten sind im näheren Umkreis vorhanden. Nun wird weiter geklärt, ob eine Krippe diese Bedürfnisse am besten abdeckt, oder ob es in der Dorfgemeinschaft ältere Frauen – Großmütter, Tanten etc. – gibt, welche die Kinder während der Arbeitszeit betreuen könnten und diese Aufgabe gerne übernehmen würden. Es wird ein Bus gemietet und ein Ausflug organisiert, um mit den Frauen einige schon bestehende Kinderkrippen in der Umgebung zu besichtigen sowie ein Dorf zu besuchen, in dem die Kinder von den älteren Frauen der Dorfgemeinschaft betreut werden. Sie sollen sich selber ein Bild machen, um dann entscheiden zu können, welche Lösung ihren Bedürfnissen am besten entspricht.

Das ist ein schönes Beispiel für das, was ich in meinem Konzept »konkret bleiben« nenne. Es wird nicht einfach eine Krippe eingerichtet, von der die Frauen sich vielleicht falsche Vorstellungen gemacht haben und nachher enttäuscht sind. Die Projektgruppe versucht gemeinsam mit ihnen herauszufinden: Was steckt konkret hinter diesem Wunsch? Welches genau sind ihre Bedürfnisse? Brauchen sie wirklich eine Krippe, oder gibt es andere Lösungen, die diese Bedürfnisse besser abdecken? So können Enttäuschungen auf beiden Seiten weitgehend vermieden werden. Zugleich wird die Eigenständigkeit der betroffenen Personen gefördert, indem sie angeregt werden, eigene Lösungswege zu suchen. Sie können bei diesem Prozeß sowohl etwas lernen als auch Selbstvertrauen entwickeln. Für die Frauen in dem geschilderten Beispiel war es die erste gemeinsame Busfahrt, der erste Ausflug über die unmittelbare Umgebung hinaus, und schon das war für sie ein aufregendes Erlebnis, bei dem sie eine Menge neuer Erfahrungen machten.

Aufschlußreich ist auch das folgende Beispiel:

> Ein Gönner wollte einer Gemeinde einen Wasseranschluß stiften. Bisher mußten die Frauen das Wasser zu Fuß an einem Brunnen holen, der einen Kilometer entfernt war. Auch in diesem Fall wurden die Bewohner befragt, bevor das Projekt realisiert wurde. Die Männer waren dafür, die Frauen jedoch – zur allseitigen Überraschung – wollten den Wasseranschluß nicht. Warum? Der Gang zum Brunnen war für sie eine Möglichkeit, sich zu treffen und sich ohne die Männer miteinander zu unterhalten. Darauf wollten sie nicht verzichten. Interessanterweise hatten die Wünsche der Frauen in der Versammlung mehr Gewicht als die Zustimmung der Männer. Die Gemeinde verzichtete vorläufig auf die Wasserleitung.

Ein nächster Schritt könnte hier sein, gemeinsam herauszufinden, welche anderen Möglichkeiten es gibt, das Bedürfnis der Frauen nach einer Gelegenheit zu einem ungestörten Schwatz zu erfüllen, und ob in diesem Fall die Wasserleitung doch gebaut werden könnte.

Rini Schenck schildert, wie schwierig es manchmal ist, wohlmeinende Spender davon zu überzeugen, daß es besser ist, nicht einfach einen Brunnen oder ein Gebäude zu stiften (die dann womöglich nach ihnen benannt werden sollen), sondern zuerst mit den Bewohnern gemeinsam herauszufinden, ob das Geschenk überhaupt erwünscht ist oder ob sie eventuell etwas ganz anderes brauchen, das dann vielleicht nicht so deutlich sichtbar als Spende einer bestimmten Person oder Organisation zu identifizieren ist. Schenck betont, wie wichtig es ist, daß die bisher benachteiligte schwarze Bevölkerung nicht einfach mit Wohltätigkeit nach weißen Vorstellungen überhäuft wird, sondern daß die betroffenen Menschen erkennen lernen, was sie wirklich brauchen, und die jetzt anstehenden Verbesserungen nach ihren eigenen Vorstellungen mitgestalten können.

Selbstverständlich ist nicht jeder Wunsch und jede Utopie erfüllbar, die Kompetenzen und finanziellen Mittel, über welche die Projektgruppe verfügt, sind begrenzt. Aber innerhalb dieses Rahmens sollten die Bewohner der Gemeinden selber entscheiden können, was ihnen am wichtigsten ist. Aufgabe der Sozialarbeiterinnen ist es, diesen Entscheidungsprozeß klärend zu begleiten. Das ist für alle Beteiligten eine faszinierende neue Erfahrung. Auch in diesem Bereich geht um es das personzentrierte Prinzip, ein angemessenes Gleichgewicht zwischen Rahmen und Spielraum zu finden.

11 Verwandte Ansätze im Pflegebereich

Krankenpflege wird heute nicht mehr ausschließlich als vom Arzt abhängiger, medizinischer Hilfsberuf verstanden, sondern als eine eigenständige Tätigkeit mit spezifischen Aufgaben und Kompetenzen. Neuere Ansätze zielen in eine ähnliche Richtung wie das personzentrierte Konzept und gehen zum Teil von denselben Grundlagen aus.

Humanistische Pflegekonzepte

In den sechziger und siebziger Jahren gab die humanistische Psychologie auch der Krankenpflege neue Impulse, die zunächst vor allem im angelsächsischen Raum aufgegriffen wurden. Zunehmend wurde realisiert, daß bio-medizinische Modelle allein nicht genügten, um den Anforderungen der Pflege gerecht zu werden.

Paterson & Zderad beschrieben 1976 ein humanistisches Pflegekonzept, das Pflege als »eine Erfahrung zwischen menschlichen Wesen« versteht.[31] Auf dieses Grundlagenwerk greifen humanistisch orientierte Pflegekonzepte bis heute zurück. Diese Konzepte berufen sich u. a. auch auf Rogers und auf eine phänomenologische Sichtweise. Die folgende Aussage macht die Verwandtschaft zum personzentrierten Ansatz deutlich:

»Im humanistischen Pflegemodell wird der Mensch als einzigartiges Wesen verstanden. Durch seine Biographie und seine Erfahrungen ist er in der Lage, seinen funktionellen Gesundheitszustand zu beurteilen und dessen Bedeutung für sein Leben einzuschätzen. Er kann sich mit seiner Situation auseinanderset-

[31] Paterson & Zderad (1976)

zen und ist mit Hilfe der Pflegenden in der Lage, Entscheidungen zu treffen, die seine Gesundheit wiederherstellen oder seinen Zustand für ihn erträglich machen.«[32]

In humanistisch orientierten Pflegekonzepten hat das *Erleben* der Patienten eine zentrale Bedeutung. »Wie erlebt der Patient seine Krankheit, seine Gesundheit, was hat die Krankheit für Auswirkungen auf seinen Alltag und wie integriert er sie darin? Das alles sind Fragen, mit denen sich die Pflegepersonen befassen müssen. Sie können sich zwar an Tendenzen orientieren, aber wie es für den einzelnen Menschen ist, das kann nur er sagen«, präzisiert Harry Hulskers.

1990 entwickelte Silvia Käppeli ein *integriertes Pflegemodell*, das sowohl bio-medizinische wie sozial-geisteswissenschaftliche Aspekte der Pflege berücksichtigt.[33] Dieses ganzheitliche Modell postuliert, daß sich die Pflege sowohl mit dem objektiven wie mit dem subjektiven Leiden der Patienten befassen muß. Es zeigt Perspektiven auf, auch alte und chronisch kranke Menschen, für welche die Medizin nicht mehr viel vermag, angemessen zu pflegen. Dabei geht es – genau wie im personzentrierten Konzept – darum, die Ressourcen der Patienten einzubeziehen und sich nicht nur auf ihre körperlichen Defizite zu konzentrieren. Deshalb wird auch nicht mehr von »Krankenpflege«, sondern von »Pflege« gesprochen. Während bei lebensbedrohlich und akut kranken Menschen die bio-medizinischen Aspekte im Vordergrund stehen, sind bei chronisch kranken und alten Menschen die humanistischen Aspekte wesentlich wichtiger.

Das erfordert ein Umdenken. Solange Pflege ausschießlich aus medizinischer Sicht betrachtet wird, hat die Pflege von chronisch kranken und alten Menschen kein hohes Prestige und wird in der Regel den weniger gut ausgebildeten Pflegepersonen oder Hilfskräften überlassen. Zwar ist es richtig, daß diese Art von Pflege

---

[32] Gogl & Stadelmann-Buser (1993)
[33] Käppeli (1990)

keine so hochspezialisierte medizinische Ausbildung verlangt wie zum Beispiel die Arbeit auf einer Intensivstation, aber es wäre ein Irrtum, daraus zu schließen, sie stelle deshalb keine hohen Ansprüche und erfordere wenig oder keine Ausbildung. Es sind andere Anforderungen, die nach *anderen Schwerpunkten* in der Ausbildung verlangen. Doch gerade hier, im Ausbildungsbereich, besteht ein Manko, zu dessen Behebung das personzentrierte Konzept beitragen könnte.

Erich Grond, Facharzt für Innere Medizin und Psychotherapie, der fünfzehn Jahre lang ärztlicher Leiter eines Altenheims war, bestätigt dieses Manko. Er definiert den *Pflegeprozeß als Problemlösungs- und Beziehungsprozeß*[34] und kritisiert »Qualifikationsmängel« bei Pflegepersonen in Heimen: »Frei werdende Altenpflegerstellen werden nicht mehr oder durch Aushilfskräfte besetzt. Neue Mitarbeiter werden aus Zeitmangel nicht angeleitet, die Nachtwache ist gewöhnlich nicht ausgebildet.« Und er weist auf weitere »Pflegemängel im Heim« hin, zum Beispiel: »Die Sorge für Sicherheit, Ordnung und Ruhe ist vorrangig, unterdrückt aber Bedürfnisse der Bewohner« oder: »Zeit ist nur für körperliche Pflege, nicht für Gespräche, Beratung oder Realiäts-Orientierungs-Training vorhanden. Wenn ein Bewohner Zuwendung wünscht, muß er sich hilfloser, z. B. verwirrter stellen, als er ist« oder: »Die Kommunikation ist gestört, z. B. einseitig, Fachsprache mit ›man‹ oder ›wir‹, oder es wird *über* statt *mit* dem Kranken gesprochen, oder die Kommunikation ist ausweichend oder wird ganz aufgegeben: ›Der kriegt das doch nicht mit!‹«[35] All das sind Punkte, denen das personzentrierte Konzept explizit Aufmerksamkeit schenkt. Eine weitere Parallele: Grond betont die Bedeutung der Organisationsstruktur und den Einfluß, den ein adäquater Rahmen nicht nur auf das Wohlbefinden, sondern auch auf das Ausmaß der Verwirrtheit

[34] Grond (1992), S. 24
[35] Grond (1992), S. 199f.

der Bewohner haben kann. Er schreibt: »Autoritärer und kontrollierender Führungsstil des Heimleiters verwirrt genauso wie ein Laisser-faire-Stil«, und prangert eine Hausordnung an, die vorsieht: »›Unbedingte Ruhe von 19.00 bis 7.00 Uhr‹, bei einem Schlafbedarf von 6 Stunden. Oder ›Abendessen um 17.00 Uhr‹ und ›Frühstück um 8.00 Uhr‹ (15 Stunden ohne Essen führt zu Unterzuckerung mit Verwirrtheit). Oder ›Wecken um 4.00 Uhr‹.«[36]

Und es entspricht ganz dem personzentrierten Grundsatz »Auf Entwicklungsmöglichkeiten vertrauen«, wenn Grond auch verwirrten alten Menschen durchaus noch Entwicklungsmöglichkeiten einräumt: »Ein Verwirrter ist nie total, nie in allen Bereichen, nie nur progredient (fortschreitend), nie gleichbleibend verwirrt, sondern hat immer Chancen, mindestens gebessert zu werden.«[37] Geeignete Pflege kann ganz wesentlich dazu beitragen, diese Chancen wahrzunehmen, ebenso wie unzulängliche Zustände im Pflegebereich Verwirrtheit verursachen oder verstärken. »Überforderte Pflegende werden hektisch, gereizt. Kranke spüren das und werden verwirrt. Je größer der Streß der Pflegenden, um so größer der Beruhigungsmittelverbrauch. ... Pflegende verstärken, was sie selbst fürchten: Verwirrtheit. Sie sind gestreßt durch ihre Macht. Der Verwirrte ist total abhängig von ihrem Wohlwollen.«[38] So lassen sich die Ziele nicht erreichen, die Grond für die Pflege verwirrter alter Menschen formuliert: »Die Menschenwürde achten; die Lebensqualität verbessern; individuell fördern je nach Biographie; Selbsthilfe und Selbständigkeit erhalten; Beziehungen und soziale Integration fördern.«[39] Und wenn er als Voraussetzungen für diese Arbeit u. a. nennt: »Mich einfühlen, meine Anteile wahrnehmen; den Kranken vollständig mit seinen Restfähigkeiten sehen; wahrhaben

[36] Grond (1992), S. 201
[37] Grond (1992), S. 118
[38] Grond (1992), S. 201
[39] Grond (1992), S. 288

wollen, daß seine Verwirrtheit auch von meiner Beziehung abhängt«,[40] so entspricht das fast wörtlich den Postulaten, die ich in meinem personzentrierten Konzept formuliere.

Validation

nennt die amerikanische Sozialarbeiterin Naomi Feil[41] ein detailliertes methodisches Betreuungskonzept für alte, desorientierte Menschen, das sie aufgrund ihrer dreißigjährigen Erfahrung auf diesem Gebiet entwickelt hat.

Validation bezeichnet einerseits eine Entwicklungstheorie für hochbetagte Menschen und andererseits eine Methode, die zu einem besseren Verständnis ihrer oftmals unerklärlichen Verhaltensweisen führt. Feil beschreibt vier Stadien der Verwirrtheit und schlägt für jedes Stadium bestimmte Techniken vor, wobei sie darauf hinweist, daß diese Stadien nicht immer linear aufeinanderfolgen, sondern daß alte Menschen auch von einem ins andere Stadium hin und her wechseln können. Feil legt Wert darauf, möglichst viel über die Biographie der betreuten Menschen in Erfahrung zu bringen.

Feils theoretische Überlegungen sind nicht über alle Zweifel erhaben[42] und die daraus abgeleiteten Techniken etwas fragwürdig, weil sie dazu verführen, alte Menschen in eine bestimmte Richtung zu drängen. Diese Gefahr hat sich in den letzten Jahren mit der zunehmenden Verbreitung dieses Ansatzes leider verstärkt, da er oft technisch und direktiv angewendet wird. In dieser Form hat Validation mit dem personzentrierten Ansatz nicht mehr viel gemeinsam, sondern widerspricht ihm geradezu. Es kommt ganz entscheidend darauf an, *wie* damit gearbeitet wird. Differenzierung ist dringend erforderlich.

---

40 Grond (1992), S. 288
41 Feil (1992)
42 Siehe auch Morton 2002, S. 67–80.

Entscheidend ist nicht die (nachträglich entwickelte) Theorie und nicht die Technik, die zu mechanischer Anwendung verleitet, sondern die Haltung, auf der dieses Konzept ursprünglich beruht. Dazu Maria Schmucki in ihrer Arbeit: »Anfänglich erschrak ich, als ich mich in das Buch von Feil vertiefte. Erst bei genauerem Studium entdeckte ich, die Techniken sind nur Hilfsmittel, entscheidend ist die Haltung, mit der ich dem verwirrten alten Menschen begegne, nämlich seine Gefühle und Gedanken ernst nehmen, sie akzeptieren, nicht darüber urteilen und ihm mit ›Empathie (Einfühlungsvermögen), Wärme und Achtung‹ (Feil 1992, S. 31) zu begegnen.« Auf diesem Hintergrund erlebte sie »die Techniken nicht als einengendes Korsett, sondern als Möglichkeit, mit Fr. M. in Kontakt zu treten und mich auf ihre Welt einzustellen und diese zu begreifen«.[43]

Und die Quintessenz ihrer Erfahrung nach zehn Wochen, in denen sie mit Frau M. regelmäßig nach dem Prinzip der Validation Gespräche führte: »Je vertrauter ich mit Fr. M. wurde, desto besser begriff ich ihre Welt und desto besser gelang es mir, angepaßt auf ihre Welt zu reagieren. Angepaßt reagieren heißt nach meinen Erfahrungen, vor allem die Gefühle und Gedanken des verwirrten alten Menschen ganz ernst nehmen, sie als *seine* Gefühle und Gedanken akzeptieren und versuchen zu verstehen, was er mitteilen will, versuchen, einen Weg in seine Welt zu finden, versuchen zu begreifen, warum er so und nicht anders reagiert ... Angepaßt auf die Welt des verwirrten alten Menschen zu reagieren, heißt auch, mit ihm seinen Alltag zu gestalten, herauszufinden, was er noch tun möchte und tun kann, herauszufinden, was er von uns braucht, um seinen Alltag zu bewältigen.«[44] Auch in dieser Beschreibung finden sich – in etwas anderen Worten formuliert – Elemente aus den »Richtlinien für den Alltag« wie-

[43] Schmucki (1994), S. 36f.
[44] Schmucki (1994), S. 38.

der: ernstnehmen, auf das Erleben eingehen, Eigenständigkeit unterstützen und Stützen für selbständiges Handeln anbieten.

In Norddeutschland hat ein Pflegeheim mit 42 Plätzen (Haus Schwansen in Rieseby) die Grundsätze der Validation ins Zentrum seiner Arbeit gestellt. Für ihr »vorbildliches Pflegekonzept« wurden die Mitarbeiterinnen 1994 mit dem Hartmann-Pflegepreis ausgezeichnet. Nach diesem Konzept soll »für jeden Bewohner, unabhängig vom Grad seiner Pflegebedürftigkeit oder vom Stadium seiner Altersdemenz, eine an seinen persönlichen Bedürfnissen orientierte, möglichst hohe Lebensqualität erreicht werden«.[45] Besonders berücksichtigt werden sollen: »Privatheit, Unabhängigkeit, Wahlfreiheit, Würde, Selbstverwirklichung, Rechtssicherheit«.[46] Wiederum sind Parallelen zum personzentrierten Konzept unübersehbar.

Vorbildlich – und ganz so, wie ich mir den Stellenwert in der Institution wünsche – erscheint auch, wie das Konzept in die Einrichtung integriert ist und in deren Rahmenbedingungen einfließt: »Alle neuen Mitarbeiter erhalten eine Fortbildung in Form einer theoretischen Einführung und eines Workshops. Alle Mitarbeiter vertiefen ihre Fähigkeiten für validierende Gespräche in laufender Fortbildung. Alle Leitungskräfte leben die validierende Haltung im Umgang mit Bewohnern, Mitarbeitern, Angehörigen usw. vor.«[47] Das trifft ziemlich genau das, was ich in Kapitel 7 als wünschenswerte Voraussetzungen für die Integration des personzentrierten Konzeptes in einer Institution formuliert habe. Wenn einem Konzept dieser Stellenwert eingeräumt und es auch auf der organisatorischen Ebene voll unterstützt wird, sind beste Voraussetzungen geschaffen, um sinnvoll und konstruktiv damit arbeiten zu können.

---

45 Lärm (1995), S. 15
46 Lärm (1995), S. 15
47 Lärm (1995), S. 16

Der personzentrierte Ansatz in der Demenzpflege

Der personzentrierte Ansatz hat in den letzten Jahren auch in der Betreuung von Menschen mit Demenz Verbreitung gefunden, vor allem in Großbritannien, aber nach und nach auch in Deutschland. Die Erkenntnis, daß ein ausschließlich medizinisches Verständnis der Demenz nicht ausreicht, sondern psychologische und soziale Faktoren für deren Entstehung und Verlauf ebenfalls eine wichtige Rolle spielen, legt eine personzentrierte Sichtweise für die Betreuung und Pflege von Demenzkranken nahe. Sie ist denn auch in manchen Institutionen zur Arbeitsgrundlage geworden.

Wie der Ansatz in diesem Bereich umgesetzt werden kann, wie es zu dieser Entwicklung kam und worauf sie theoretisch begründet ist, hat Ian Morton fundiert und umfassend beschrieben. Deshalb soll das Thema hier nicht weiter ausgeführt, sondern statt dessen auf sein Buch *Die Würde wahren* verwiesen werden, das 2002 im Verlag Klett-Cotta auf deutsch erschienen ist.

12 Ein hoffnungsloser Fall?

Zum Abschluß sei hier noch eine therapeutische Einzelarbeit mit einer schwer geistig behinderten Frau beschrieben. Dieses Beispiel zeigt nicht nur auf eindrückliche Weise, wie auch bei Menschen mit schwerer geistiger Behinderung ein psychotherapeutischer Prozeß möglich sein kann, es ist auch für den Alltag manches daraus zu lernen und in Bezug zu den Postulaten des personzentrierten Konzepts zu bringen. Die verbreitete Ansicht, bei Menschen mit schwerer Behinderung sei keine Entwicklung mehr möglich, da gehe es nur noch um Versorgung, wird durch die Erfahrung der Psychologin Barbara Krietemeyer mit Laura S. widerlegt.

Laura S. ist siebenunddreißig und schwer geistig behindert. Seit ihrem sechsten Lebensjahr lebt sie im Heim. Sie spricht nicht, vermeidet oft Blickkontakt, ist sehr aggressiv gegen andere und gegen sich selbst und muß oftmals zu ihrem eigenen Schutz und dem der anderen fixiert werden. Sie näßt und kotet ein. Sie bewegt sich sehr unsicher und hat auch mit dem Gehen zeitweise Mühe. Wenn ihr etwas nicht paßt, zieht sie sich aus, egal wo sie sich befindet, und ist dann kaum mehr zu stoppen. Mitarbeiterinnen, die schon länger in der Einrichtung arbeiten, können sich erinnern, daß es nicht immer so schlimm war, daß Laura S. früher einmal sogar auf dem Gelände Rollschuh gelaufen ist. Doch inzwischen, vor allem nach einem Betreuerwechsel, hat sich ihr Zustand massiv verschlechtert. Sie ist in der Gruppe kaum noch tragbar, greift sowohl die anderen Bewohnerinnen wie die Betreuerinnen tätlich an, wirft beim Essen mit dem Geschirr um sich, schmeißt alle Stühle um, usw. Sie muß weitgehend isoliert werden. Unter Aufsicht eines Betreuers nimmt sie die Mahlzeiten alleine ein, nachdem die anderen gegessen haben. Sie wird aus dem Dreierzimmer, wo sie immer wieder aggressiv auf die beiden anderen Bewohnerinnen losgegangen ist, in ein kleines Einzelzimmer verlegt, nicht nur, um die anderen vor ihr zu schützen, sondern auch, um das Fixieren zu vermeiden und ihr etwas mehr Raum zu verschaffen. Das Zimmer ist allerdings sehr klein, und sie ist dort fast den ganzen Tag eingeschlossen. Damit sie dennoch nicht ganz von der Gruppe abgeschnitten ist, wird die Tür durch eine Gittertür mit Vorhang ersetzt. Im Sinne einer Einzelbetreuung geht an vier Nachmittagen in der Woche ein Therapeut anderthalb Stunden mit ihr spazieren.

Das war der Stand, als Barbara Krietemeyer (im folgenden B. genannt) neu in die Einrichtung kam. Sie sollte die Spaziergänge mit Laura übernehmen, weil der bisherige Therapeut die Stelle wechselte. Um Laura den Übergang zu erleichtern, gingen sie zunächst ein paarmal zu dritt spazieren. Laura verhielt sich B. gegenüber eifersüchtig und mißtrauisch. Der Psychologin wären andere Formen der Einzelbetreuung lieber gewesen als Spazierengehen, aber das war ausdrücklich ihr Auftrag. Nach Auffassung der Gruppenbetreuerinnen hatte die Erfahrung gezeigt, daß etwas anderes mit Laura sowieso nicht möglich war.

Zunächst ging nicht einmal das. Als B. Laura zum erstenmal allein zum Spaziergang abholen wollte, verzog sie sich zuerst in die hinterste Ecke des Zimmers, um gleich darauf die Psychologin anzugreifen, als diese das Zimmer betreten wollte. B. versuchte es immer wieder; ein paarmal schaffte sie es mit großer Mühe, Laura anzuziehen und mit ihr hinauszugehen. Doch auch dann widersetzte sich Laura draußen schon nach kurzer Zeit, entweder indem sie auf die Psychologin losging oder indem sie sich auszog. Meist jedoch wollte sie weder angezogen werden noch das Zimmer verlassen und wehrte sich energisch dagegen, daß B. ihr Zimmer betrat. Die Psychologin hatte – genau wie die Betreuerinnen – Angst vor Lauras Angriffen, denen sie sich nicht gewachsen fühlte. Sie hatte ständig das Gefühl, Laura irgendwie bändigen und sich vor ihr schützen zu müssen. Die Beziehung war von Angst geprägt – auf beiden Seiten, denn B. merkte bald, daß Laura ebensoviel Angst vor ihr hatte wie sie vor Laura. Schon das Betreten ihres (sehr engen) Zimmers schien sie wie einen Überfall zu erleben. B. beschloß, Laura nicht weiter zu bedrängen, sondern sich vorläufig einfach vor die Gittertür zu setzen und abzuwarten, was geschehen würde.

In den ersten zwei Wochen geschah praktisch nichts. B. saß vor der Gittertür, Laura verkroch sich in ihr Bett und zog die Decke über den Kopf. Dennoch bewirkte dieses Vor-der-Türe-Sitzen eine grundlegende Veränderung: Aus dieser Position heraus begann B. Laura ganz anders wahrzunehmen. Sie erlebte die Situation aus Lauras Sicht: Sie konnte die anderen Bewohnerinnen nicht sehen, aber hören, die Geräusche beim Kaffeetrinken, ihr Lachen und Schwatzen, die Stimme der Gruppenleiterin, die manchmal ein Märchen vorlas, das alles nahm sie wahr und war doch selbst ausgeschlossen. B. stellte fest, daß Lauras Verhalten durchaus einen Zusammenhang hatte mit dem, was draußen passierte: Zum Beispiel schlug sie mit dem Kopf gegen die Wand, wenn jemand am Tisch lachte, reagierte auf Stimmen und auf Schlüsselgeräusche. Die Psychologin realisierte mit Erstaunen, wieviel Laura mitbekam von dem, was sich in der Gruppe abspielte, und auch, wie schlimm es für sie sein mußte, von allem ausgeschlossen zu sein, obwohl sie den Schutz und den Rückzug zugleich brauchte. B. nahm Laura jetzt plötzlich nicht mehr nur als jemanden wahr, vor dem man Angst haben mußte, sondern als einen Menschen mit Empfindungen – etwas, das im Umgang mit Laura auch bei den Mitarbeitern weitgehend verlorengegangen war durch die Angst vor ihrer Aggressivität. B. spürte bei Laura eine abgrundtiefe innere Leere, Verzweiflung und Haltlosigkeit, die sie erschütterten. »Sie kam mir vor, als könnte sie nicht leben und nicht sterben, und ich hatte das Gefühl, sie habe ein Stück weit die Hoffnung aufgegeben«, schildert B. ihre Empfindungen.

Die Psychologin saß ein halbes Jahr vor der Gittertür, je viermal in der Woche anderthalb Stunden lang. Was zunächst als

Notbehelf gedacht war, erwies sich als Möglichkeit, sich gegenseitig ohne Angst ein wenig anzunähern. Die Gittertür war für beide ein Schutz. Laura war zu jener Zeit für Sprache überhaupt nicht zugänglich, deshalb verzichtete B. anfangs ganz darauf, mit ihr zu sprechen. Schweigend entstand langsam Kontakt. B. merkte, daß Laura auf Geräusche reagierte und gerne selber Geräusche machte. Zum Beispiel klopfte sie manchmal auf die Bettkante. B. reagierte darauf, indem sie ebenfalls klopfte. Sehr bald wurde Laura neugierig, sie streckte hin und wieder den Kopf unter der Decke hervor, zog ihn aber sofort wieder zurück, wenn B. sie anschaute. Manchmal spielte B. mit Murmeln, die sie mitgebracht hatte, ließ sie aneinanderklirren oder über den Boden rollen. Das interessierte Laura. Doch meist saß B. einfach vor der Tür, ohne etwas zu machen und ohne zu sprechen. Das schien Laura gutzutun: es gab ihr Raum und half ihr, sich auf ihre Weise auszudrücken. Es war eine neue Erfahrung für Laura, daß jemand nichts von ihr wollte, sondern einfach dasaß und wartete, bis sie kam. Denn das Problem war ja, daß sie sich einerseits Nähe wünschte, sie aber andererseits nicht aushalten konnte. Und ihre Aggressivität machte es für die Mitabeiterinnen schwer, Nähe zuzulassen, denn sie waren immer in einer Abwehrhaltung. Laura selbst konnte zu jener Zeit fast gar nichts mehr aushalten. Sie vertrug die anderen nicht, und selbst beim Waschen und Anziehen löste schon die geringste Kleinigkeit sofort Rückzug, Schreien oder Aggression aus. Es gab im Alltag überhaupt keine Situationen mehr, die sich irgendwie positiv gestalten ließen.

Nach zwei bis drei Wochen stand Laura gelegentlich auf, kam zur Tür, kauerte sich kurz auf den Boden und ging dann wieder. Die Psychologin probierte manchmal etwas aus, setzte sich mal weiter weg, mal näher an die Tür. Die Stunden verliefen ganz unterschiedlich. Manchmal blieb Laura länger an der Tür, manchmal kam sie überhaupt nicht, sondern blieb ganz zurückgezogen in ihrer Ecke. Wichtig war, daß sie das selber dosieren konnte. Manchmal zerwühlte sie ihr Bett, räumte es aus und legte die Matratze vor die Gittertür. Das erschien der Psychologin wie ein Bild für Lauras innere Aufgewühltheit, aber auch für ihren Wunsch nach Aktivität.

Nach etwa vier Monaten gab es einen Einbruch in Lauras Befinden, es ging ihr sehr schlecht. Jetzt kam ihre ganze Verzweiflung zum Ausbruch. Es gab Stunden, in denen sie nur weinte und mit dem Kopf an die Wand schlug. Die Psychologin konnte es manchmal fast nicht aushalten, sie bekam Schuldgefühle und fragte sich, ob sie nicht eingreifen müßte. Doch sie spürte deutlich, daß es notwendig war, die Krise mit Laura auszuhalten und durchzustehen. Denn diese bedeutete keineswegs nur einen Rückschritt, sondern auch einen Fortschritt: Endlich konnte Laura ihren Gefühlen freien Lauf lassen, ihre Vezweiflung ausdrücken. Das Weinen konzentrierte sich mehr und mehr auf die Stunden mit der Psychologin, so als merkte Laura, daß hier Raum war für ihre Gefühle. Einmal, als es ganz schlimm war, hat B. diese Gefühle spontan angesprochen: »So schlimm ist das. Es geht dir so schlecht.« Das hatte eine ungeheure Wirkung. Zum erstenmal bekam B. den Eindruck, daß Laura sehr wohl Worte aufnehmen konnte, während sie bisher über Sprache überhaupt nicht erreichbar schien. Allerdings – und das ist ein wesentlicher Unterschied – war Sprache hier nicht gebraucht worden, um etwas von Laura zu verlangen oder auf sie einzureden, sondern um ihr zu vermitteln, daß B. mitfühlend nachvollziehen konnte, wie ihr zumute war. Offensichtlich konnte Laura diese Botschaft aufnehmen. »Das Wahrnehmen ihrer Situation und das Aushalten, daß es ihr so schlecht geht, das war die Hauptsache«, sagt die Psychologin – und damit formuliert sie ein Grundprinzip des personzentrierten Ansatzes, obschon sie zu jener Zeit nicht bewußt personzentriert arbeitete, sondern sich mehr an systemischen Ansätzen orientierte.

Nicht anders als bei leichter behinderten Menschen, erwies es sich auch bei Laura als sehr wichtig, ihre Gefühle wahrzunehmen und sie punktuell auch anzusprechen. Im übrigen spielte die

Sprache auch weiterhin nur eine geringe Rolle. Die Arbeit bestand im wesentlichen darin, Gefühle und Stimmungen auszuhalten, den inneren Kontakt nicht abreißen zu lassen. »Da war eine vorsprachliche Ebene ganz präsent, frühe Erlebnisse, ihre Schwierigkeiten und Ängste, alles, was sie nicht aussprechen kann, aber auch die ihr eigene Erlebensweise: das innere Chaos.« So schildert B. ihre Eindrücke aus jener Zeit.

Die Mitarbeiterin, die Laura schon am längsten kannte, bestätigte diesen Eindruck. Auch ihr kam es vor, als habe Laura keinen Boden mehr unter den Füßen. In dieser Situation hätten auch günstigere Rahmenbedingungen im Alltag nicht ausgereicht, um sie zu stützen. Dazu bedurfte es der Einzelbetreuung durch jemanden von außen. Die Zeit, die sie vor der Gittertür verbrachte, erlaubte es der Psychologin, Lauras inneren Zwiespalt in allen Facetten wahrzunehmen: ihren Wunsch, dabeizusein, aber es nicht zu können. Ihre Isoliertheit im Alltag, der fehlende Kontakt war nur eine Seite des Problems, die andere betraf ihre Entwicklung, ihren innerpsychischen Zustand, der aber durch die ungünstigen Rahmenbedingungen ihres Alltags noch zusätzlich belastet wurde. Alle schauten nur noch, daß es mit Laura irgendwie ging, alle hatten Angst. Laura hatte keine Perspektive mehr, niemand traute ihr etwas zu. Man sah nur noch ihre vielen Verhaltensauffälligkeiten, die alles andere überdeckten. Resignation hatte sich breitgemacht.

»Die Tatsache, daß ich mich da hingesetzt habe, hat Hoffnung geweckt: ›Da ist jemand, der mich noch nicht aufgegeben hat‹, das hat in Lauras Empfinden auch mitgeschwungen«, meint die Psychologin rückblickend. »Sie hat auch von mir viele Zumutungen aushalten müssen. Aber sie wollte diese Chance ergreifen, das wurde sehr schnell spürbar. Trotz der schlimmen Verzweiflung war da zu meiner Verwunderung sehr früh auch ein Hoffnungsschimmer. Hier hatten ihre heftigen Gefühle endlich Platz, während sie sonst immer nur störten. Zum erstenmal hatte Laura einen Spielraum. Es ist schwer zu beschreiben, äußerlich passierte kaum etwas, aber es waren sehr dichte Situationen. Dialog ohne Worte – das war in diesem halben Jahr punktuell möglich. Sie reagierte auch deutlich, wenn ich manchmal nicht ganz dabei war – ich konnte diese Konzentration nicht immer gleichermaßen durchhalten. Zu realisieren, daß es diese subtile Wahrnehmungsebene gibt bei schwer behinderten Menschen, und Kontakt zu entwickeln, war eine faszinierende Erfahrung. Diese innere Wahrnehmung zu gebrauchen, das müssen wir erst lernen. Und in kleinen Schritten vorgehen – ich war immer zehn Schritte weiter durch den Druck, ich müßte etwas tun. Da hat Laura Grenzen gesetzt, und ich habe immer wieder zurückgesteckt.«

Auch mit den Murmeln und mit dem Tamburin waren Dialoge möglich. B. rollte Murmeln durchs Gitter, und Laura rollte sie zurück. Oder B. schlug einen Rhythmus auf dem Tamburin, und Laura klopfte mit, oder sie wartete ab, bis B. fertig war, und klopfte dann denselben Rhythmus zurück. Sie konnte eindeutig Rhythmen aufnehmen und nachahmen. In einzelnen »Sternstunden« konnte auf diese Weise ein Dialog zehn Minuten oder eine Viertelstunde lang anhalten. Aber das war nicht immer so, sondern ganz von Lauras Verfassung abhängig. Es waren Höhepunkte, die möglich waren, aber dann auch immer wieder über längere Zeit ausblieben. Es gab auch Phasen der Entmutigung, in denen sich die Psychologin manchmal fragte, ob das alles überhaupt einen Sinn habe.

Das Team hatte akzeptiert, daß B. zunächst nichts anderes tat, als vor Lauras Türe zu sitzen, aber es war ihnen offensichtlich unangenehm. B. spürte die Spannung in ihrem Rücken, wenn die Gruppe sich im Wohnzimmer aufhielt. Dadurch, daß B. anwesend war, verschaffte sie Laura gewissermaßen Platz in der Wohngruppe. Am Anfang war das für die Betreuerinnen schwer. Sie waren enttäuscht, daß es mit dem Spaziergang nicht klappte, weil es für sie immer eine Erleichterung bedeutet hatte, wenn Laura eine Weile nicht auf der Gruppe war. Auf der anderen Seite war es für sie entlastend, festzustellen, daß auch die Psychologin manchmal nicht weiterwußte und daß auch sie vor Laura Angst hatte. Daß sie das offen zugab, half den Betreuern, ihre eigene Hilflosigkeit und Angst zu akzeptieren, ohne insgeheim deswegen Gewissensbisse zu haben oder sich inkompetent zu fühlen.

»Mein Vorgehen ist zwar entstanden aus der Not, um erst einmal Kontakt zu bekommen, aber im Nachhinein bin ich überzeugt, daß es genau so richtig war für Laura. Gezielt hätte ich mir das nicht besser ausdenken können. *Sie* hat das signalisiert«, sagt B., deren großes Verdienst es ist, daß sie diese Signale einer schwer behinderten Frau wahrgenommen hat und auf sie eingegangen ist. Sie hat sich – ganz und gar personzentriert – von diesen Signalen leiten lassen, obschon sie eigentlich alle möglichen anderen Ideen im Kopf hatte. »Ich war froh, daß Laura in ihrem Chaos trotz allem so klar war. Von mir aus hätte ich den Weg nicht gefunden. Ich habe mich immer an den Grenzen entlang gehangelt. Oft wollte ich zuviel. Dann hat sie mir wieder Grenzen gesetzt durch ihr Verhalten. Ich konnte mit der Zeit aber auch ihr Verhalten entschlüsseln, es als Kommunikation sehen, als Signal an die Umwelt, nicht als Auffälligkeit. Das ist wahnsinnig schwer bei jemandem, der nicht spricht, manchmal ist es ein Gefühlsausdruck, manchmal eine Willenskundgebung, manchmal ein Gemisch von beidem. Aber da hat auch bei ihr ein Prozeß stattgefunden: mit der Zeit fand sie selber den Weg, sich klarer auszudrücken. Es ging darum, daß ich das, was ihr wichtig war, wahrgenommen und begleitet habe. Ich konnte ja gar nichts tun, als es da, wo sie gerade war, aushalten. Geklärt hat sie das eigentlich dann für sich selbst. Ich konnte es nicht für sie tun, außer daß ich ihre Gefühle empfand. Man muß es nicht unbedingt ansprechen, schon das Empfinden kann hilfreich sein. Schwer behinderte Menschen spüren so vieles atmosphärisch. Sie konnte genau unterscheiden, ob ich mich einfühlen konnte oder nicht, ob ich dabei war oder mehr Distanz hatte. Ich war erstaunt, wieviel nicht-sprachliche Möglichkeiten man hat, aber man muß sich in eine ganz andere Welt hineinbegeben. Ganz feine Dinge spielen da eine Rolle.«

Für die Psychologin war es sehr wichtig gewesen, sich von dem Druck zu befreien, etwas machen zu müssen. Immer wieder hat Laura ihr eine Grenze signalisiert, und sie mußte ihre Ansprüche zurückstellen. »Das hat ihr immer wieder sehr gut getan, wenn ich es geschafft habe, mich innerlich auf das einzustellen, was ihr gerade möglich war. Trotzdem waren auch meine Anstöße wichtig, daß ich immer mal wieder probiert habe, was geht, sonst hätte ich manches nicht herausgefunden. Aber genauso wichtig war es, wieder ein Stück zurückzuschrauben. Das ging immer so hin und her.«

Gegen Ende des halben Jahres merkte B., daß es Laura nach den anderthalb Stunden, die sie vor ihrer Tür saß, jeweils deutlich besser ging, auch wenn sie zuvor heftige Trauer, Wut oder Verzweiflung zum Ausdruck gebracht hatte. Das bestätigten auch die Mitarbeiterinnen: Nach den Stunden mit der Psychologin fühlte Laura sich wohler, war abends ausgeglichener. Die Zeit schien gekommen, um die Türe aufzumachen und den Spielraum stückweise nach draußen zu erweitern. Das war bisher nur ganz selten und für kurze Verrichtungen – anziehen, aufs Klo gehen, einen Kaffee holen – möglich gewesen.

Es war ein großer Schritt, der da bevorstand, und B. fürchtete, alles könnte wieder von vorne beginnen. So war es auch. Zwar griff Laura die Psychologin nicht mehr tätlich an, wenn sie das Zimmer betrat, aber die nächsten Schritte waren wahnsinnig schwer. Sie konnte die Situation im Gruppenraum oft nicht aushalten, sie warf die Stühle um und wurde wieder aggressiv. B. hatte erneut Angst, mußte abwehren, kontrollieren, festhalten, sie wieder einschließen – alles Elemente, welche die Beziehung belasteten. Sie hatte Zweifel, wie alles letztendlich ausgehen würde, wenn sie ihr vielleicht ebenfalls Verletzungen zufügen und Gewalt anwenden mußte. Sie konnte ihr nun nicht mehr nur in dieser ganz anderen, therapeutischen Rolle begegnen, sondern hatte auch einen Teil der Versorgung zu übernehmen, sie mußte Laura zum Beispiel anziehen, was immer mit großen Schwierigkeiten verbunden war, oder mit ihr zusammen Kaffee trinken. Vom therapeutischen Standpunkt aus gesehen, war diese Rollenverquickung nicht ideal, und B. hätte sich das anders gewünscht. Aber andererseits erkannte sie, daß es für die Mitarbeiter ein Hinweis war, daß auch in ihrer Rolle vieles möglich war. Sie nutzte nun auch die Situationen, die sie zunächst nur unter dem Versorgungsaspekt gesehen hatte, um einen anderen Umgang mit Laura zu entwickeln und in der Alltagssituation etwas zu verändern. Sie verlor allmählich die Angst, Lauras Zimmer zu betreten. Im Zweifelsfall konnte sie sich ja wieder vor die Tür setzen, wenn es gar nicht anders ging. In dieser Zeit begann B. systematisch darauf zu achten, wo sie Laura wirklich helfen mußte und was Laura selbständig tun konnte. So hielt sie ihr zum Beispiel die einzelnen Kleidungsstücke hin, Laura nahm sie, zog sie an, und B. machte ihr dann wieder die Knöpfe zu. Genau das ist gemeint mit »Stützen für selbständiges Handeln anbieten«.

Es war insgesamt eine schwierige Zwischenphase, in der Laura vieles wollte, das ihr dann doch noch nicht möglich war. Ihr Wille war sehr ausgeprägt, aber sie konnte ihn nicht in einer befriedigenden Weise ausleben. Sie wollte etwas – zum Beispiel hinausgehen – sofort, und dann wollte sie sofort wieder etwas anderes, war also sehr abrupt und wechselhaft in ihrem Verhalten. Ihre Aggressivität nahm viel Raum ein, und irgendwann war es für die Psychologin dann keine Lösung mehr, sie einfach wieder einzuschließen. B. wagte mehr und probierte manches aus, um zu sehen, wie Laura reagierte. Zum Beispiel kam sie einmal Lauras Wut einfach zuvor und warf selber alle Stühle um. Laura war ganz perplex, und zusammen stellten sie die Stühle wieder auf.

Auch gegen das Hin-und-her-gezerrt-Werden wehrte sich die Psychologin schon recht bald. Sie schob behutsam Lauras Hand von ihrem Arm und sagte: »Zeig mir, was du willst. Ich komme mit.« Häufig gelang das. Laura ließ los und zeigte, wo sie hinwollte, indem sie vorausging. Aber es war auch wie ein Barometer: Wenn Laura eine Hand brauchte, dann hatte B. sie vielleicht überfordert, ihr zuviel zugemutet. Interessant ist, daß Laura kürzlich einer Betreuerin, die sie an der Hand führen wollte, selber die Hand wegschob und damit zeigte: Ich will alleine gehen.

Als B. anfing, mit Laura ins Freie zu gehen, wollte sie zuerst immer zum (verschlossenen) Tor und aus dem Gelände hinaus. Die Psychologin hielt sie nicht zurück, sie ging mit ihr zum Tor und probierte: Das Tor war zu. Sie sagte: »Das Tor ist zu« und forderte Laura auf, ebenfalls zu probieren, ob das Tor sich öffnen ließ. Das reichte. Laura fühlte, daß das Tor geschlossen war. Daraufhin konnte sie kehrtmachen und zurückgehen. Entscheidend war, daß sie nicht daran gehindert wurde, zum Tor zu gehen, und selber die Erfahrung machen konnte, daß es zu war.

Seit B.s erster Begegnung mit Laura sind zweieinviertel Jahre vergangen. Nach und nach näherte sich die Einzelbetreuung mehr dem an, was der Psychologin zu Anfang vorgeschwebt hatte. Sie geht jetzt mit Laura regelmäßig in die Turnhalle und in den Gymnastikraum, wo sie Verschiedenes ausprobieren können mit Musik, mit Singen, mit Bewegung. Laura kann jetzt länger bei einer Sache bleiben und beendet die Sequenzen jeweils selber. Manchmal greift sie von sich aus nach bestimmten Dingen, zum Beispiel nach der Trommel, auf der sie ihre Wut und ihren Ärger zum Ausdruck bringen kann. Sie hat angefangen, Gefühle auszudrücken. Die Psychologin hat inzwischen erkannt, daß Laura unter anderem auch dann aggressiv wird, wenn sie etwas ausdrücken will und der Ausdruck nicht kommt – ein Zusammenhang, der ihre aggressiven Ausbrüche verständlicher macht. B. kann Laura heute auch ein gewisses Maß an Auseinandersetzung zumuten, sofern sie sorgfältig darauf achtet, wieviel sie verkraften kann. Da ist jetzt ein Boden, der am Anfang nicht da war.

Für die Gruppenbetreuerinnen war B.s Vorgehen so etwas wie ein Modell, daß es auch anders geht. Sie hatten wahrgenommen, daß B. mit Laura anders umging, und das eröffnete auch für sie neue Möglichkeiten. Sie faßten wieder Mut. Auf der anderen Seite kann Laura jetzt auch mehr aushalten, und sie können wieder mehr mit ihr machen. Alltägliche Dinge wie Anziehen, Waschen etc. verlaufen viel reibungsloser. Es gibt auch immer wieder Rückschritte; zum Beispiel reagierte Laura auf einen neuen Mitarbeiter zunächst mit dem Rückfall in alte Verhaltensweisen. Aber sie kommt jetzt schneller aus solchen Zuständen wieder heraus, und das ist nicht nur für sie, sondern auch für die Betreuer eine Erleichterung.

Laura ist immer noch viel eingeschlossen. Aber sie kann jetzt doch vermehrt am Gruppenleben teilnehmen, zum Beispiel nach dem Abendessen öfter mal dabeisein oder an kurzen Unternehmungen teilnehmen, einer Busfahrt vielleicht, oder mit zum Spielplatz gehen. Sie kann die anderen länger aushalten, ohne aggressiv zu werden. Sie räumt selber ihr Geschirr in die Küche, sie trinkt schon mal Kaffee im selben Raum mit den anderen – alles Dinge, die vorher unmöglich waren. Abends ist ihre Stimmung besser. Sie kann mit ihrem Willen besser umgehen, sie ist klarer und selbstbewußter geworden. Alles in allem: Lauras Lebensqualität hat sich verbessert, und für die Mitarbeiter ist die festgefahrene Situation, unter der auch sie stark gelitten haben, in Bewegung gekommen.

Es war sicher ein Glücksfall, daß die Institution der Therapeutin die Möglichkeit gab, sich über einen so langen Zeitraum so intensiv mit Laura zu beschäftigen, und es ist klar, daß eine so aufwendige Betreuung in den seltensten Fällen möglich ist. Dennoch gibt uns dieses Beispiel wertvolle Hinweise für die Alltagsarbeit, auch im Sinne der Vorbeugung. Es zeigt, wie hilfreich und notwendig es ist, auch bei Menschen mit schwerer geistiger Behinderung nicht aus den Augen zu verlieren, daß sie immer noch Entwicklungsmöglichkeiten haben. Es zeigt, daß auch Menschen wie Laura ernstgenommen werden müssen und daß es möglich ist – wenn auch nicht einfach – ihre »Sprache« zu lernen, sofern man sich bemüht, ihr Verhalten als Mitteilung und nicht als Zumutung zu verstehen. Und noch etwas macht B.s Erfahrung mit Laura deutlich: Wir können andere Menschen sehr viel besser fördern, wenn wir *ihre* Signale aufnehmen und mit unseren Angeboten darauf reagieren, als wenn wir versuchen, ihnen *unsere* Ideen aufzudrängen.

Wenn die Betreuerinnen das im Alltag nicht vergessen, wenn schwer behinderte Menschen spüren, daß ihre Bezugspersonen sie ernstnehmen und zu verstehen versuchen (auch wenn das nicht immer gelingen kann), dann bestehen reelle Chancen, daß solche extrem negativen Verläufe wie bei Laura verhindert oder zumindest gemildert werden können. Gewiß werden die meisten Betreuer nie soviel Zeit und Ruhe haben, um so intensiv auf einen einzelnen Menschen einzugehen wie die Psychologin B.; was sie jedoch von ihr lernen können, ist die Haltung, mit der sie Laura begegnet ist. »Die innere Haltung, das ist es, was wirkt«, ist B.s Fazit aus ihrer Arbeit mit Laura. Und diese Haltung kann auch im Alltag wirksam sein und dazu beitragen, daß es sowohl den behinderten Menschen wie auch ihren Bezugspersonen besser geht, daß sie entspannter und zufriedener miteinander leben können und Belastungen sich auf ein erträgliches Maß reduzieren lassen.

13 Konsequenzen für Aus- und Fortbildung

Die vielfältigen Möglichkeiten, das Konzept in den verschiedensten Tätigkeitsgebieten umzusetzen, werfen die Frage nach geeigneten Aus- und Fortbildungsangeboten auf.

Ist personzentriertes Arbeiten überhaupt lernbar? Geht es hier nicht um eine Haltung, die man entweder hat oder nicht hat? Oder zu der man sich einfach entschließen muß, wenn man ihren Sinn einmal erkannt hat? Gewiß ist die personzentrierte Haltung, die auf Empathie, Wertschätzung und Kongruenz beruht, die wichtigste Grundlage des Konzeptes. Aber diese Haltung kann man nicht einfach überziehen wie eine Berufsschürze. Und wie wir gesehen haben, ergeben sich aus der Grundhaltung Richtlinien und methodische Ansatzpunkte, die man kennen und in die Praxis übertragen muß.

Genau zuhören, sich einfühlen, unterscheiden können zwischen dem, was in einem selbst vorgeht, und dem, was man beim Gegenüber wahrnimmt, dies alles erfordert eine bestimmte Disziplin, die geübt werden kann. Gespräche sinnvoll zu führen, kann bis zu einem gewissen Grade erlernt werden. Einfühlende Phantasie ist sicherlich eine Gabe, aber sie kann angeregt, gefördert und weiterentwickelt werden. Der Austausch mit Menschen aus verschiedenen Berufsfeldern, die nach den gleichen Grundsätzen arbeiten, erweitert den Horizont der eigenen Möglichkeiten.

Lernen in diesem Bereich heißt vor allem auch: sich mit sich selbst und anderen auseinandersetzen und die eigenen blinden Flecken erkennen; deshalb ist es unerläßlich, daß einschlägige Ausbildungen auch Selbsterfahrung und Persönlichkeitsentwicklung umfassen und den Studierenden die dafür notwendigen Rahmenbedingungen bieten.

Der Lernprozeß ist mit der Ausbildung nicht abgeschlossen, er geht im Arbeitsalltag weiter. Auch im Team müssen die Mitarbeiterinnen sich auseinandersetzen, Konflikte austragen, voneinander lernen und gemeinsam nach konstruktiven Lösungen suchen. Die Institution kann strukturell und organisatorisch viel dazu beitragen, diesen Prozeß zu fördern. Die Richtlinien des Konzepts sind dabei eine Orientierungshilfe. *Praxisbegleitung und Supervision* bieten Unterstützung beim Erfassen von Problemen und beim Erarbeiten konkreter Lösungswege und sollten selbstverständlich sein.

Angebote, die sich explizit mit der Umsetzung des personzentrierten Konzeptes in bestimmte Arbeitsfelder befassen, sind in personzentrierten Kreisen bisher noch dünn gesät. Die Auseinandersetzung mit den Realitäten unterschiedlicher Tätigkeitsgebiete wird leider in personzentrierten Grundausbildungen meist vernachlässigt. Die Erfahrungen, die Petr Ondracek beschreibt, sind kein Einzelfall. Die therapeutische Situation läßt sich nicht eins zu eins auf andere Arbeitsfelder übertragen. Für jedes Tätigkeitsgebiet müssen spezifische Formen personzentrierter Arbeit entwickelt werden, die dem jeweiligen Kontext Rechnung tragen.

Wünschenswert sind *interne Fortbildungsangebote in den Institutionen,* in denen Ausbilder *gemeinsam mit den beteiligten Mitarbeiterinnen* auf den Grundlagen des Konzeptes eine personzentrierte Arbeitsweise entwickeln können, welche die spezifischen Rahmenbedingungen der betreffenden Einrichtung berücksichtigt. Die Ausbilderinnen bringen ihre fundierten Kenntnisse des personzentrierten Ansatzes und seiner Anwendungsmöglichkeiten ein, die Mitarbeiter ihre praktische Erfahrung mit den Menschen, um die es geht, und mit der Institution.

Die bewußte Auseinandersetzung mit den Rahmenbedingungen kann durchaus auch in gemischten Gruppen mit Angehörigen verschiedener Berufsgruppen fruchtbar sein. Ich habe mit solchen Fortbildungskursen sehr gute Erfahrungen gemacht. Die Kursteilnehmer profitieren davon, daß sie sich gemeinsam mit ganz unterschiedlichen beruflichen Umfeldern beschäftigen. Das bewußte Erkennen der Unterschiede fördert ganz allgemein die Sensibilität für diesen Aspekt der Arbeit und schärft die Wahrnehmung auch für die eigenen Rahmenbedingungen. Und die Teilnehmerinnen können sich – aus einem anderen, unvoreingenommenen, nicht durch »Betriebsblindheit« eingeengten Blickwinkel heraus – gegenseitig wertvolle Hinweise geben.

Wie wir in Kapitel 11 gesehen haben, ergeben sich auch im Pflegebereich neue Anforderungen an die Ausbildung, wenn vermehrt humanistische Konzepte einbezogen werden sollen. Besonders in der Pflege von chronisch kranken und alten Menschen sind Grundlagen, wie sie der personzentrierte Ansatz vermittelt, dringend notwendig, um Pflegeformen zu entwickeln, die vermehrt auf die individuellen Bedürfnisse der Patienten eingehen und zugleich auch für die Pflegepersonen befriedigender sind. Auch die herkömmlichen Grundausbildungen in anderen sozialen Berufen könnten durch die Integration personzentrieter Grundlagen eine wesentliche und sinnvolle Bereicherung erfahren.

Neben den berufsspezifischen Inhalten sollte eine fundierte Ausbildung in diesen Berufen

- vertieftes Verständnis für sogenannt »schwierige« Menschen vermitteln,
- die Wahrnehmung für individuelle Ressourcen sensibilisieren,
- die Fähigkeit ausbilden, die Entwicklung dieser Ressourcen zu fördern,
- ermöglichen, eigene Vorstellungen, Impulse, Ambitionen klarer zu erkennen und von den Bedürfnissen und Anliegen der Klienten unterscheiden zu lernen.

Das sind Aspekte, die im personzentrierten Ansatz eine zentrale Bedeutung haben und die zu vermitteln er in hohem Maße geeignet ist. Daß das vorliegende Buch in den vergangenen Jahren zunehmend zum festen Bestandteil einschlägiger Aus- und Fortbildungen wurde, ist eine erfreuliche Entwicklung. Sie läßt hoffen, daß »Ernstnehmen, Zutrauen, Verstehen« mit der Zeit mehr und mehr zur Grundlage aller mit der Begleitung, Betreuung und Pflege anderer Menschen verbundenen Tätigkeiten wird.

14 Ausblick

Das Konzept, das in den ersten Kapiteln dieses Buches formuliert wurde, ist aus dem Wunsch heraus entstanden, meine Erfahrungen zu ordnen und grundsätzliche Überlegungen daraus abzuleiten. Daß sich in allen in Kapitel 10–12 beschriebenen Beispielen personzentrierter oder auf humanistischen Grundlagen beruhender Arbeitsweisen – so verschieden sie auch sind – wesentliche Elemente dieses Konzeptes wiederfinden, bestätigt meine Überlegungen. Offenbar besteht in vielen Bereichen ein Bedarf nach Arbeitsweisen, die den Menschen in den Mittelpunkt stellen, seine individuellen Ressourcen berücksichtigen und seine Integrität respektieren. Die hier vorgestellten Richtlinien sind für die verschiedensten Tätigkeitsgebiete brauchbar und lassen sich unter ganz unterschiedlichen Rahmenbedingungen umsetzen, vorausgesetzt diese stehen den Prinzipien einer personzentrierten Haltung nicht grundsätzlich entgegen.

Am Beispiel der Entwicklungsarbeit in Südafrika wird sichtbar, wie hilfreich das personzentrierte Konzept sein kann, um zunächst befremdliche Verhaltensweisen von Menschen mit einem anderen kulturellen Hintergrund verstehen zu lernen. Hier eröffnet sich eine Perspektive nicht nur für Südafrika, sondern auch im Hinblick auf ein besseres Verständnis für Menschen aus anderen Kulturen hierzulande. Die Beschreibung der Arbeit im Kinderheim weist auf Möglichkeiten hin, sowohl an die pädagogische Arbeit wie auch an Führungsaufgaben mit einer personzentrierten Haltung heranzugehen. Die Erfahrungen Dion Van Werdes in der psychiatrischen Klinik Sint-Camillus zeigen, wie vielfältig die Gestaltung des Alltags dazu beitragen kann, daß psychisch kranke Menschen den Kontakt zur Realität nicht ganz verlieren oder wieder aufbauen können. Humanistische Ansätze im Pflegebereich machen immer wieder deutlich, daß eine personzentrierte Haltung der Pflegepersonen ein wichtiger Faktor im Heilungsprozeß ist und im Umgang mit geriatrischen Patienten nicht nur deren Wohlbefinden, sondern auch den Grad ihrer Verwirrtheit positiv zu beeinflussen vermag. Das Beispiel von Laura S. lehrt uns, daß auch ein erwachsener Mensch mit schwerster geistiger Behinderung noch beachtliche Entwicklungsschritte machen kann, wenn es den Bezugspersonen gelingt, mit ihm in Kontakt zu treten, seine Signale wahrzunehmen und sich von ihnen leiten zu lassen.

Die Richtlinien des personzentrierten Konzeptes sind kein starres Rezept. Sie formulieren die Grundsätze, um die es geht und die je nach Umfeld und Rahmenbedingungen immer wieder anders umgesetzt werden müssen. Hier ist *Differenzierung* erforderlich, ohne die personzentriertes Arbeiten nicht denkbar ist. Immer muß die Frage gestellt werden: Was heißt ernstnehmen oder Wahlmöglichkeiten geben oder Eigenständigkeit unterstützen usw. – *in dieser konkreten Situation, mit diesen Menschen, unter diesen Rahmenbedingungen?* Jede Situation ist anders, jeder Mensch ist anders, genau wie sich dieselben Krankheiten, Störungen oder Behinderungen bei jedem Individuum wieder anders auswirken. Personzentrierte Arbeit kann, wenn ihre Grundsätze ernst genommen werden, nicht in Routine erstarren; sie fordert Sensibilität, Beweglichkeit und wache Auseinandersetzung immer wieder neu heraus. Lebendigkeit und Differenzierung sind ein wesentliches Potential des personzentrierten Konzeptes.

Kann dieses Potential überhaupt wirksam werden in einem Umfeld, in dem Gewalt und Mißachtung der Menschenwürde immer mehr zur Selbstverständlichkeit werden? Ich meine damit nicht nur die Greuel, die uns täglich durch die Medien übermittelt werden, sondern auch die alltäglichen Rücksichtslosigkeiten, Übergriffe und Verletzungen der persönlichen Integrität, die in unserer nächsten Nähe geschehen und über die wir so leicht hinwegsehen: auf dem Schulhof, in der Straßenbahn, am Familientisch, im Gedränge, am Arbeitsplatz, auf den Straßen – ganz zu schweigen von der wachsenden Intoleranz und Aggressivität gegenüber alten, schwachen, behinderten oder in irgendeiner Weise »anderen« Menschen.

Wer personzentriert arbeiten will, muß auch diesen Aspekt der Wirklichkeit mit wachen Augen sehen und darf sich nicht eine heile Welt voller »guter« Menschen vorgaukeln. Auf konstruktive Kräfte zu bauen, setzt voraus, daß wir destruktive Tendenzen – auch in uns selber – ebenso klar erkennen. Nur dann ist es möglich, ihnen etwas entgegenzusetzen. Auch soziale Einrichtungen sind keine Inseln reiner Selbstlosigkeit und Menschenliebe, sie sind von denselben Realitäten geprägt und mit denselben Unzulänglichkeiten konfrontiert wie die Welt um sie herum.

Gewalt in sozialen Institutionen ist ein ernstzunehmendes Problem, über das lange Zeit geschwiegen wurde und das erst seit kurzem vermehrt zur Kenntnis genommen und offen diskutiert wird.[48] Überforderte Mitarbeiter, schlechte Rahmenbedingungen, Mängel in der Ausbildung, unzufriedene Bewohner, gegenseitiges Mißverstehen – das sind nur einige von vielen Ursachen, denen wir auf den Grund gehen müssen, um Abhilfe schaffen oder, noch besser, vorbeugen zu können. Zu beidem kann das personzentrierte Konzept einen wichtigen Beitrag leisten. Es ist geeignet, Gewalt und Verletzungen der persönlichen Integrität zu verhindern – sowohl bei den Pflegepersonen wie auch bei denen, die Betreuung brauchen. Gewalt erzeugt letztlich nur Verlierer. Wer die Menschenwürde eines anderen Menschen mißachtet, insbesondere eines schwächeren und abhängigen, verletzt immer auch die eigene Integrität. Deshalb müssen

[48] Siehe auch: Pörtner 2003, S. 156–176.

Bedingungen geschaffen und Arbeitsweisen entwickelt werden, die dem entgegenwirken.

Das ist nicht eine Frage der finanziellen Mittel, sondern der Prioritäten. Daß überall die Mittel knapp geworden sind, bedeutet zweifellos eine Erschwerung für die Arbeit in sozialen Institutionen. Aber liegt darin nicht auch eine Chance für die Einsicht, daß nicht alle Probleme mit Geld zu lösen sind und die teuerste Betreuung nicht immer die beste ist? Die Knappheit der materiellen Ressourcen ist geradezu eine Herausforderung zur Besinnung auf andere Ressourcen für Lebensqualität und Zufriedenheit aller Beteiligten, bei den Bewohnern wie bei den Pflegepersonen.

Personzentriert arbeiten ist kein »Wundermittel«, mit dem sich die anstehenden Probleme spielend lösen oder gar aus der Welt schaffen ließen. Aber es ist ein konstruktiver und gangbarer Weg, sich ihnen in einer Weise zu stellen, bei welcher die Integrität und Würde der betroffenen Menschen im Vordergrund stehen. Dazu bedarf es keiner zusätzlichen Mittel, nötig ist vielmehr ein Umdenken, bei dem alle Beteiligten nur gewinnen können.

Literaturhinweise

Feil, N. (1992): *Validation. Ein neuer Weg zum Verständnis der alten Menschen.* Wien (Altern und Kultur).

Gogl, A. & Stadelmann-Buser, C. (1993): Theoretische Perspektive. In: Käppeli, S. (Hrsg.): *Pflegekonzepte*, Bern (Huber).

Grond, E. (1992): *Pflege verwirrter alter Menschen. Psychisch Alterskranke und ihre Helfer im menschlichen Miteinander.* Freiburg i. Br. (Lambertus).

Käppeli, S. (1990): Bio-medizinisches Modell oder Patientenmodell. In: *Krankenpflegeschule aktuell*, 2 (3), Krankenpflegeschule Zürich.

Lärm, M. (1995): Integrative validierende Arbeit. In: *Heilberufe*, 47 (3).

Lietaer, G., Rombauts, J. & Van Balen, R. (Hrsg.) (1990): *Client-Centered and Experiential Psychotherapy in the Nineties.* Leuven (University Press).

Lotz, W., Stahl, B. & Irblich, D. (Hrsg.) (1996): *Wege zur seelischen Gesundheit für Menschen mit geistiger Behinderung: Psychotherapie und Persönlichkeitsentwicklung*. Bern (Huber).

Mearns, D. (1994): *Developing Person-Centred Counselling.* London (Sage).

Morton, I. (1999): *Person-Centred Approaches to Dementia Care*, Bicester-Oxon (Winslow Press). Deutsch (2002) *Die Würde wahren. Personzentrierte Ansätze in der Betreuung von Menschen mit Demenz.* Stuttgart 2002 (Klett-Cotta).

Mulskers, L. & Van Werde, D.: Contact-faciliterend werken binnen een ergotherapeutische setting: een illustratie vanuit residentiële psychosenzorg. (Unveröffentlichtes Manuskript.)

Paterson, J. & Zderad, L. (1976): *Humanistic Nursing*, London (John Wiley).

Pörtner, M. (1990): Client-Centered Psychotherapy with Mentally Retarded Persons: Catherine and Ruth. In: *Client-Centered and Experiential Psychotherapy in the Nineties.* Leuven (University Press), 659–669. Deutsch: Gesprächstherapie mit geistig behinderten Klientinnen. In: GwG-Info, 56, 1984.
– (1994): *Praxis der Gesprächspsychotherapie, Interviews mit Therapeuten*, Stuttgart (Klett-Cotta).
– (1996): Garry Prouty's Konzept der Prä-Therapie. In: *Wege zur seelischen Gesundheit für Menschen mit geistiger Behinderung: Psychotherapie und Persönlichkeitsentwicklung.* Bern (Huber), 216–26.
- (1996 a): Working with the Mentally Handicapped in a Person-Centered Way – is it possible, is it appropriate and what does it mean in practice? In: R. Hutterer, G. Pawlowsky, P. F. Schmid & R. Stipsits (Hrsg.): *Client-Centered and Experiential Psychotherapy. A Paradigm in Motion*, 513–27. Frankfurt a. M. (Peter Lang, Europäischer Verlag der Wissenschaften).
– (2001): The Person-Centred Approach in working with People with Special Needs. In: *Person Centred Practice*, vol. 9., no. 1, 18–30.
– (2002a): Der Personzentrierte Ansatz in der Arbeit mit geistig behinderten Menschen. In: W. Keil & G. Stumm (Hrsg.): *die vielen gesichter der personzentrierten psychotherapie*, 513–33. Wien (Springer).
– (2002b) Psychotherapy for People with Special needs: A challenge for client-centered psychotherapists. In: J. C. Watson, R. N. Goldman & M. S. Warner (Hrsg.): *Client-Centered and Experiential Psychotherapy in the 21st Century: Advances in Theory, Research and Practice*, 380–86. Ross-on-Wye (PCCS Books).
– (2003): *Brücken bauen. Menschen mit geistiger Behinderung verstehen und begleiten.* Stuttgart (Klett-Cotta).
Prouty, G. (1976): Pre-therapy, a method of treating pre-expres-

sive psychotic and retarded patients. In: *Psychotherapy: Theory, Research and Practice*, 13, 290–94.
- (1977): Protosymbolic method: A phenomenological treatment of schizophrenic hallucinations. In: *Journal of Mental Imagery*, 1, (2), 339–42.
- (1983): Hallucinatory contact: A phenomenological treatment of schizophrenics. In: *Journal of Communication Therapy*, 2, 99–103.
- (1985): The development of reality, affect and communication in psychotic retardates. (Unveröffentlichtes Manuskript.)
- (1986): The pre-symbolic structure and therapeutic transformation of hallucinations. In: M. Wolpin, J. Shorr & L. Kreuger (Hrsg.): *Imagery*, Vol. 4, 99–106, New York (Plenum Press).
- (1990): Pre-therapy: A theoretical evolution in the person-centered / experiential psychotherapy of schizophrenia and retardation. In: *Client-Centered and Experiential Psychotherapy in the Nineties*. Leuven (University Press), 645–58.
- (1991): The pre-symbolic structure and processing of schizophrenic hallucinations: The problematic of an non-process structure. In: Lois Fusek (Hrsg.): *New Directions in Client-Centered Therapy: Practice with Difficult Client Populations*, 1–18. Chicago (Chicago Counseling and Psychotherapy Resarch Center).
- (1994): *Theoretical Evolutions in Person-Centered / Experiential Therapy – Applications to Schizophrenic and Retarded Psychoses*, Westport (Praeger).
- & Cronwall, M. (1990): Psychotherapy with a depressed mentally retarded adult: An application of Pre-Therapy. In: A. Dosen & F. Menolascino (Hrsg.): *Depression in Mentally Retarded Children and Adults*, 281–93. Leiden (Logan Publications).
- & Kubiak, M. (1988a): The development of communicative contact with a catatonic schizophrenic. In: *Journal of Communication Therapy*, 4 (1), 13–20.

(1988b): Pre-Therapy with mentally retarded/psychotic clients. In: *Psychiatric Aspects of Mental Retardation Reviews*, 3 (4), 426–41.
– & Pietrzak, S. (1988): Pre-therapy method applied to persons experiencing hallucinatory images. In: *Person-Centered Review*, 3 (4), 426–41.
–, Pörtner, M. & Van Werde, D. (1998): *Prä-Therapie*, Stuttgart (Klett-Cotta).
Rogers, C. R. (1942): *Counseling and Psychotherapy*, Boston (Houghton Mifflin). Deutsch: *Die nicht-direktive Beratung*, München 1972 (Kindler).
– (1951): *Client-Centered Therapy*. Boston (Houghton Mifflin). Deutsch: *Die klientenzentrierte Gesprächspsychotherapie*, München 1972 (Kindler).
– (1957) The Necessary and Sufficient Conditions of Therapeutic Personality Changes. In: *Journal of Consulting Psychology*, 21 (2), 95–103.
– (1961) *On becoming an Person*, Boston (Houghton Mifflin). Deutsch: *Entwicklung der Persönlichkeit*, Stuttgart (Klett-Cotta) 8. Aufl. 1991.
– (1969) *Freedom to learn*, Columbus (Charles E. Merrill). Deutsch: *Lernen in Freiheit*, München 1974 (Kindler).
– (1970) *On Encounter Groups*, New York, Evanston, London (Harper & Row). Deutsch: *Encounter-Gruppen*, München 1974 (Kindler).
– (1977) *On personal Power*, New York (Delacorte). Deutsch: *Die Kraft des Guten*, München 1978 (Kindler).
– (1980) *A Way of Being*, Boston (Houghton Mifflin).
– (1982) *Freedom to learn for the 80's*, Boston (Houghton Mifflin). Deutsch: *Freiheit und Engagement*, München 1984 (Kösel).
Schmucki, M. (1994): *Validation – ein Weg zur Welt des verwirrten alten Menschen*. Kaderschule für die Krankenpflege, Regionalzentrum Winterthur, Höhere Fachausbildung in Krankenpflege, Stufe 1, Kurs Nr. 93038.

Van Werde, D. (1990): Die Wiederherstellung des psychologischen Kontaktes bei akuter Psychose – Eine Anwendung von Prouty's Pre-Therapy. *GwG-Zeitschrift,* 21, 78, 42–45.

– (1993/95): The translation of the contact-paradigm into a ward approach. Geschrieben als Dokumentation für Prouty, G. (1994), a.a.O., und Pörtner, M. (1996).

– (1994): An introduction to client-centred pre-therapy. In: D. Mearns: *Developing Person-Centred Counselling*, London (Sage).

– (1994a): »Werken aan contact« als leidmotief van de wekelijske afdeilingsvergadering in residentiële psychosenzorg. In: *Tijdschrift voor Psychiatrie,* 8, 571–584.

– & Van Akoleyen, J. (1994): »Verankering« als kernidee van de interieurinriching in residentiële Psychosenzorg. In: *Tijdschrift voor Klinische Psychologie*, 24 (4), 293–302.

Marlis Pörtner:

Brücken bauen

Menschen mit geistiger Behinderung verstehen und begleiten

240 Seiten, broschiert, ISBN 3-608-91319-X

Die Denkweisen, die Gefühlswelten und das Verhalten von Menschen mit geistiger Behinderung verstehen lernen und angemessen damit umzugehen, das ist die Absicht der Autorin. Sie führt uns Nicht-Behinderten vor Augen, welche Erwartungen behinderte Menschen an uns stellen, wie wir diese erfüllen können, aber auch, wie oft wir diese enttäuschen. Dabei wird klar, was wir im Umgang mit ihnen falsch machen, wie oft wir ihre Bedürfnisse ignorieren oder ihnen ganz selbstverständliche Entwicklungsmöglichkeiten vorenthalten. Dies geschieht häufig unbewußt, ja in guter Absicht – etwa dann, wenn wir sie vor negativen Erfahrungen schützen wollen, ihnen dadurch aber ein wesentliches Element ihrer persönlichen Entwicklung vorenthalten. Doch wie kann Normalität im Alltag ermöglicht werden?

Hans Peters:

Psychotherapeutische Zugänge zu Menschen mit geistiger Behinderung

Aus dem Niederländischen von Elisabeth Zinschitz

240 Seiten, broschiert, ISBN 3-608-91019-0

Bis vor gar nicht langer Zeit herrschte die Meinung vor, Menschen mit einer geistigen Behinderung seien einer Psychotherapie gar nicht zugänglich. Daß dem nicht so ist, haben die vom Autor beschriebenen aus dem englischen und niederländischen Sprachraum kommenden Erfahrungen der letzten zehn Jahre gezeigt. Der Autor informiert in diesem engagierten Werk darüber, welche Möglichkeiten wir für eine Psychotherapie von Menschen mit einer geistigen Behinderung besitzen. Seine Monographie hat sich weitgehend den Bedürfnissen der Praxis verschrieben und verschweigt nicht die Probleme und Grenzen des therapeutischen Handelns.

Klett-Cotta